红旗漫卷烽火路

HONGQI MANJUAN FENGHUOLU

见证历史的抚州红军标语

JIANZHENG LISHIDE FUZHOU HONGJUN BIAOYU

编辑单位：抚州市委党史办

抚州市文化广电新闻出版局

抚州市档案局

主　　编：罗建华　丁潮康

编 委 会：（按姓氏笔划排序）

丁潮康　付长岭　王惠霞　罗建华　汪志强　吴建新

吴祖平　杨　斌　胡德勇　黄亚玲　黄有盛　谭玉英

文　　字：丁潮康　付长岭　杨　斌

图片提供：罗建华　杨跃雄　刘乐平　赵迎宪　孙敬民　丁潮康

李山冕　曾　铭黄　辉　谢水龙

乐安党史办　黎川党史办　资溪党史办

宜黄党史办　南丰党史办　南城党史办

江西教育出版社

JIANGXI EDUCATION PUBLISHING HOUSE

图书在版编目（ＣＩＰ）数据

红旗漫卷烽火路：见证历史的抚州红军标语 / 罗建华，丁潮康编著. -- 南昌：江西教育出版社，2017.6

ISBN 978-7-5392-9453-7

Ⅰ．①红⋯ Ⅱ．①罗⋯ ②丁⋯ Ⅲ．①中国工农红军—宣传工作—史料—抚州 Ⅳ．①E297.2

中国版本图书馆 CIP 数据核字(2017)第 109666 号

红旗漫卷烽火路:见证历史的抚州红军标语
HONGQI MANJUAN FENGHUOLU:JIANZHENG LISHI DE FUZHOU HONGJUN BIAOYU
罗建华　丁潮康　编著

- -

江西教育出版社出版
(南昌市抚河北路 291 号　　邮编：330008)
各地新华书店经销
长沙超峰印刷有限公司印刷
787 毫米×1092 毫米　　16 开本　　24 印张　　字数 550 千
2017 年 7 月第 1 版　　2017 年 7 月第 1 次印刷
ISBN 978-7-5392-9453-7
定价：120.00 元

- -

赣教版图书如有印装质量问题，请向我社调换　电话：0791-86710427
投稿邮箱：JXJYCBS@163.com　　　　电话：0791-86705643
网址：http://www.jxeph.com

 前　言

　　红军，是指第二次国内革命战争时期中国共产党领导下的革命军队，全称中国工农红军。1928 年 5 月 25 日，中共中央发出《中央通告第五十一号——军事工作大纲》决定，全国各地工农革命军正式定名为红军。

　　第二次国内革命战争时期，抚州人民书写了可歌可泣的壮烈篇章。随着中央革命根据地的建立，抚州市分属中央根据地所辖的江西省苏维埃政府和闽赣省苏维埃政府，全市大部分县均先后成立县苏维埃政府，成为中央苏区的重要组成部分，为中国革命和建设做出了重大贡献和巨大牺牲。中国共产党领导下的红一方面军在抚州进行了长时间的战斗，留下了众多的革命史迹。这些满壁的红军标语向后人呈现的史迹，承载了丰富、鲜活、生动的革命传统和革命精神，是宝贵的精神财富，也是中国共产党为争取民族独立领导中华民族革命斗争的重要实物见证。

　　将抚州所存的红军标语编辑成书是罗建华先生于 2011 年末提出的，他认为红军标语数量众多，以现在的财力无法进行全面保护，可以先用照片的形式记录下来，宣传出去，影响更多的人关注和重视这些标语，促进今后的保护工作。因此从 2012 年开始，罗建华与文化、档案、党史等部门历时 5 年收集和整理了全市的红军标语资料，编印成书出版，并以此书纪念中国人民解放军建军 90 周年。

《红旗漫卷烽火路》编委

2017 年 7 月 16 日

目录

概　序

　　抚州有着光荣的革命历史。在 1927 年—1937 年第二次国内革命战争时期,抚州人民书写了可歌可泣的壮烈篇章。

　　1927 年 8 月,南昌起义部队途经抚州南下广东,在此进行"临川整编",组建了 20 军第 3 师,李井泉、舒同等 420 多名工农积极分子和青年学生参加起义军随军南征。土地革命初期,东固革命根据地的红军就在乐安、宜黄、南丰、广昌等县游击,开始了建立苏维埃政权的尝试。1929 年 5 月,抚州历史上首个苏维埃政权——宜黄三溪乡苏维埃成立。1930 年 4 月,抚州历史上首个县级苏维埃政权——南丰县苏维埃政权成立。1930 年 11 月,红一方面军主力在新余"罗坊会议"后,转移到赣东,在乐安、宜黄、崇仁、南城等县筹粮筹款,发动群众,为取得第一次反"围剿"胜利打下良好的物资基础。1931 年 3 月,红一方面军采取诱敌深入、先打弱敌、各个击破的战略,主力部队从吉安向东经抚州横扫七百余里至福建,连打五个胜仗,取得了第二次反"围剿"胜利。1931 年 6 月,红一方面军总前委先后在南丰县康都圩召开了 3 次会议,史称"康都会议",制定了红军第三次反"围剿"的战略战术,为第三次反"围剿"的胜利奠定了基础。为争取革命在江西的首先胜利,1932 年 8 月,红一方面军在朱德和毛泽东的指挥下,发动了乐安、宜黄战役,连克乐安和宜黄两座县城。随后移师闽赣边,发动建黎泰战役,攻克黎川,并逐步形成建黎泰革命根据地,为中央苏区闽赣省的建立奠定基础。1932 年 11 月至 1933 年 1 月,红一方面军发动金(溪)资(溪)战役,攻占资溪、金溪县城,取得了黄狮渡、浒湾、长源庙等一系列第四次反"围剿"先声战的胜利。1933 年 1 月,赣东北红十军南下,与中央红军汇合。红十军后被改编为红十一军,建立了以资溪为中心的信抚革命根据地,将闽浙赣革命根据地与中央革命根据地联成一片。1933 年 2 月和 3 月,周恩来、朱德采用红军历史上首次大兵团伏击战术,在宜黄、乐安一带山区进行黄陂战役和东陂战役,消灭了国民党嫡系 3 个师,彻底粉碎了国民党军对中央苏区的第四次"围剿"。1933 年 5 月,红一方面军在乐安县湖坪进行了整编,史称"大湖坪整编"。并随后在此组建东方军,远征福建。1933 年 5 月,在建黎泰、信抚和闽北三块革命根据地基础上成立中央苏区闽赣省,首府设在黎川县,闽赣省是中央苏区下辖的四个省级政权之一,覆盖了现今江西省的抚州、鹰潭、上饶 3 个市的一部分以及福建西部一部分地区,是中央苏区连接赣东北苏区的枢纽与通道,战略位置十分重要。1933 年 7 月,中革军委以红十一军为主在黎川组建红七军团,肖劲光任军团长兼政委。1933 年 9 月,蒋介石调集重兵,首先对黎川发动了进攻,标志着国民党对中央苏区的第五次"围剿"拉开了帷幕。红军在(南城)硝石、(黎川)资溪桥、(金溪)浒湾等地对国民党堡垒进行攻坚,付出了巨大的牺牲,金溪、黎川、南城、南丰等地先后失守。1934 年 4 月,中央红军集结主力,组织了广昌保卫战,由于王明"左"倾领导人的错误指挥,战役失利。红军损失多达5500 人,是红军中央苏区时期一次损失人数最多的战役。之后,红军在广昌南部的大寨脑、高虎脑、万年亭、驿前等地进行一系列阻击战,红军浴血奋战,以惨重的牺牲完成了阻击任务,为实行战略转移和进行长征赢得了时间。

抚州是中央苏区的北大门,是第二、第四、第五次反"围剿"的主战场,特别是第四次反"围剿"所有的战斗均发生在这里。随着中央革命根据地的建立,抚州市大部分县均先后成立县苏维埃政府,为中国革命和建设做出了重大贡献和巨大牺牲。在此期间,中国共产党许多重要领导人,如毛泽东、朱德、周恩来、邓小平等老一辈无产阶级革命家带领中央红军在抚州进行了长时间的革命实践。中国共产党领导下的红军非常重视宣传工作。红军自建军起就努力做好宣传工作,以形象、生动、浅显的宣传教育手段团结人民、教育人民、打击敌人、消灭敌人。中央苏区时期,红军更是把宣传工作当作推动革命事业前进的号角,而红军标语以简约、直观的形式有力地宣传党的方针、政策和任务,扩大了党和红军的政治影响,启发了苏区军民和白军士兵的阶级觉悟,回击了国民党的反动宣传,在中国革命史上写下了绚丽篇章。历经 80 余年,抚州各县区很多村落中仍保留红军标语,据初步统计,全市 11 个县区共发现标语 3178 余(幅),仍清晰可辨的约有近 2100 条(幅)。这些标语数量多,包含历史信息丰富,生动地再现了原中央苏区的政治、军事、经济、文化活动,承载了丰富、鲜活、生动的革命传统和革命精神,是一笔宝贵财富,也是中国共产党为争取民族独立领导中华民族革命斗争的重要实物见证。

临 川 区

临川区位于抚州最北部,在土地革命战争时期是红区和白区交界之池。

1926 年 11 月,抚州第一个党组织——中共临川支部在临川成立。此后,多次成立中共临川县委,负责领导金溪、东乡、崇仁、宜黄、南城等各地党组织。

1927 年 8 月,八一南昌起义部队途经抚州,李井泉、舒同等 400 多名抚州革命青年和革命志士参加起义部队。

中央红军多次在临川留下足迹。1932 年 8 月,彭德怀、肖克两次至龙骨渡一带活动。1932 年 9 月,红三军团由宜黄进入临川茅排、荣山,在鹏田、彭家桥、戚姑岭、东馆等地战斗。1933 年 1 月,红一方面军在金溪战役胜利后,经湖南乡的流坊、鹏溪,进抵临川城下的千金陂。1933 年 3 月,抚州籍红军黄永辉烧毁云山公路大桥,阻挡国民党军南下。1933 年 4 月,红十二军 3000 多人抵荣山,夜至东馆,后在腾桥战斗中取得胜利。

红军在临川战斗期间,留下许多宣传标语,主要分布在龙溪镇、荣山镇、茅排乡等乡镇。现发现保存的标语有 18 条(幅),清晰可辨的 11 条(幅)。

外樊红军标语

标语简介：

外樊红军标语位于临川区龙溪镇陈园村委会外樊陈家村中南部，标语依存建筑为"太邱世泽"民居。"太邱世泽"民居建于清代后期，坐北朝南，砖、木、石材料建造，硬山顶屋面，马头墙围护，穿斗式木构架，三合土地面，天井则由长条花岗石铺设。建筑面阔12米，进深35米，占地面积近430平方米。正门门楣上嵌"太邱世泽"石刻匾，大门、漏窗、柱础均为花岗石雕刻，图案有动物、花卉和几何纹。整座建筑原有格局尚存，保存状况一般。红军标语用石灰水书写于该建筑的东外墙上，自右向左，因年代久远部分字迹脱落，但依稀可辨，内容是"拥护中华苏维埃中央人民政府。红军"。整条标语长26米，字高有近2米，是至今抚州市发现的最大的1条红军标语。1982年第二次全国文物普查时，当地文物部门进行文物登记，据当地老人回忆，该标语书写于1932年，书写部队为红三军团一部。

外樊红军标语依存建筑全景

拥护中华苏维埃中央人民政府。红军

背景资料：

　　龙溪镇追歼高树勋残部　　龙溪镇又称龙骨渡，地处临川、宜黄、崇仁三县交界之处，从古至今均属交通要道。1932年8月19日，红一方面军在周恩来、毛泽东、朱德、王稼祥率领下，向宜黄县城进攻，攻打国民党军第26路军第27师3个多团，史称"宜黄战斗"。27师在师长高树勋率领下，顽抗了两天后，弃城向临川出逃，红三军团一部追至临川区龙溪镇，歼敌大部，俘敌2000余名。高树勋在26路军其他部队接应下，率少数残部在逃回临川县城。

港下红军标语

港下红军标语依存建筑全景

标语简介：

港下红军标语位于临川区茅排乡山陂村委会港下村西侧山坡下，标语依存建筑为一幢普通民居，建于民国，坐北向南，悬山顶，穿斗式结构，两侧山墙由土坯垒砌，属江西地方建筑类型，俗称开门厅(或称一向三间)，面宽 11.7 米，进深 10.2 米，建筑面积约 120 平方米。现存红军标语共 6 条(幅)，用墨汁书写在建筑南外墙竹夹泥白板壁上，落款均为红军十九。标语被后人用黄泥遮盖，字迹模糊但能可辨识。该标语书写于 1932 年，"红军十九"即红三军团所辖的红七军第十九师。

土豪的谷子不要钱分给贫苦工农

背景资料：

红三军团 19 师　红三军团,中国工农红军主力部队之一,1930 年 6 月在鄂东南大冶县刘仁八地区组建。总指挥长彭德怀、总参谋长邓萍、政治委员滕代远、政治部主任袁国平,下辖红五军和红八军,全军 1 万余人。后红十六军和红七军也划归红三军团建制。1933 年 6 月,中央红军进行整编,取消了军一级编制,红三军团下辖第四师、第五师、第六师。1935 年遵义会议后,红三军团由于损失巨大,取消了师一级的编制,改组为 4 个团。7 月 21 日,在中央红军和红四方面军会师后,红三军团番号取消。红 19 师成立于 1930 年 11 月广西百色起义中,隶属红七军。师长由军参谋长龚鹤村(龚楚)兼任,政委由军政委邓小平兼任,1931 年上半年红 19 师整编为第 55 团,1931 年 7 月,红七军抵达江西,归红三军团指挥,恢复红 19 师番号,师长李显。1933 年 6 月,红一方面军进行整编,取消军的建制,红七军被改编为红三军团第五师,由寻淮洲任师长,红 19 师也缩编为第五师下辖一个团。

实行苏维埃土地法令

共产党领导工人反对资本家！国民党帮助地主□□□！共产党帮助农民争土地！国民党压迫□□□□！

输送工人干部到红军中去，加强红军中无产阶级领导！

建立工农兵苏维埃政府，国民党帮助资本家压迫工人！

怡乐红军标语

标语简介：

怡乐红军标语位于临川区茅排乡山陂村委会怡乐村，标语依存建筑为一幢普通民居，建于民国，坐西向东，悬山顶，穿斗式结构，两侧山墙由土坯垒砌，属江西地方建筑类型，俗称开门厅（或称一向三间），面宽 9.5 米，进深 8.2 米，建筑面积约 80 平方米。现存红军标语共 4 条（幅），用墨汁书写在建筑南外墙竹夹泥白板壁上。标语书写时间与港下村的标语相同，均为红三军团战士所写。

国民党说他抗日反帝，为什么把东三省送给日本！

打倒不准士兵抗日的国民党！打倒压迫士兵的国民党！争创

打倒屠杀工农兵的国民党！打倒投降帝国主义的国民党！红军争创

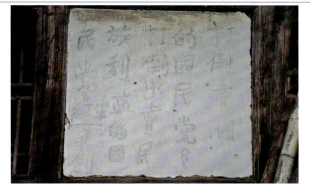

打倒卖国的国民党！打倒出卖民族利益的国民党！红军争创

怡乐红军标语依存建筑全景

背景资料：

九一八事变：又称沈阳事变、奉天事变、柳条湖事件。1931年9月18日傍晚，盘踞在中国东北的日本关东军按照精心策划的阴谋，由铁道"守备队"炸毁沈阳柳条湖附近日本修筑的南满铁路路轨，并嫁祸于中国军队，日军以此为借口，炮轰中国东北军北大营，制造了震惊中外的"九一八事变"。东北地方当局和国民政府对日本的进攻采取不抵抗政策。随后，日军侵占沈阳、长春、吉林等地。至1932年2月，东北全境沦陷。此后，日本在中国东北建立了伪满政权，开始了对东北人民长达14年之久的奴役和殖民统治。九一八事变是由日本蓄意制造并发动的侵华战争，是日本帝国主义侵华的开端。

 东 乡 区

　　土地革命战争时期,东乡部分地带属中央苏区,是江西革命老区县。该县现有国土面积1262平方公里。

　　早在1928年3月,就成立中共东乡委员会,舒同任书记。1932年7月初,成立东乡县临时苏维埃政府。

　　土地革命战争时期,红军经常在东乡停驻、战斗。1933年1月,红三军团攻克东乡县城,停驻3天。1933年4月,红十一军再克东乡县城,停驻7天。1932年6月,发生小璜下湖战斗,赣东北赤色警卫师师长祝荫龙不幸牺牲。1932年7月,域内发生敖家碑战斗和柏树底战斗。

　　红军在东乡战斗期间,留下许多宣传标语,主要分布在瑶圩、珀玕乡、黎圩镇。域内现存红军标语9幅。

万石塘红军标语

标语简介:

　　万石塘红军标语位于抚州市东乡县瑶圩乡万石塘村委会万石塘村小组。现保留标语2处。

　　一处书写于村中冠美公祠内,冠美公祠当地人又称红军楼,建于嘉庆丙寅甲午年(1806年),后经多次维修,坐北朝南,硬山顶屋面,混合式构架,三合土地面,砖木石材料建造,建筑面积275.8平方米,冠美公祠内的标语书于祠堂内左右厢房板壁上,毛笔书写。现保存大约有二十条,落款为红军联乙③宣。部分字迹被石灰覆盖和涂抹,破坏严重。

万石塘红军标语

万石塘红军标语

万石塘红军标语

1.反对国民党(组织)保甲门牌来压迫剥削工农!

2.反对国民党压迫工农组织的壮丁队!

3.壮丁队是豪绅地主官僚(压迫)工农的组织!

4. 工农群众起来不加入保护豪绅地主官僚的壮丁队!

5.农民起来取消壮丁队组织(赤卫队及)游击队!

6.反对国民党军阀官僚强派工农当佚役!

7.反对国民党征收门牌捐公路捐!

8. 劇共团是豪绅地主国民党镇压工农革命的组织!

9.工农起来消灭劇共团,活捉劇共团长!

10.工农起来不加豪绅地主国民党的劇共团!

万石塘红军标语

工人有罢工自由！

农民团结起来打土豪分田地！

工农起来消灭剿共团！

工农起来实行抗债抗租！

农民起来实行土地革命！

活捉蒋介石！

　　另一处标语书写于村中一户民居内，该民居为清代晚期建筑，坐南朝北，硬山顶屋面，穿斗式构架，三合土地面，砖木石材料建造，建筑面积约390平方米。标语书写于正门两侧墙壁上，白底黑字，毛笔书写，现存标语共2幅9条。落款"红军联乙③宣"。红军联乙③宣即赣东北红十军转战赣东的标语。

背景资料:

红十军转战东乡 1932年冬,为了打通闽浙赣苏区与中央苏区的联系,中央决定调遣闽浙赣红十军南下与中央红军会师,参加中央苏区的第四次反"围剿"。1932年农历十二月十七,红十军4000余人从贵溪出发经余江到达东乡万石塘,驻扎村中休整。红军一住下来,政治部的同志就与群众亲切地谈心,向群众讲解打土豪的道理,讲解革命的道理,书写宣传标语。红军一面宣传革命,与贫苦群众交结朋友,一面了解情况,捉土豪劣绅。对捉到的土豪劣绅根据不同情况及时处理,一般的没收他们家中的钱财,对民愤很大的进行处决,处决了湾头土豪吴春修、自卫队长李拜庭,把打土豪没收来的猪肉和衣物都分给了穷苦群众。红十军在万石塘村驻扎5天后,离开了东乡县境,往金溪方向挺进,之后与红一方面军会师。

土豪的谷子不要钱分给穷人吃!
打倒帝国主义!
欢迎白军士兵和下级官长过来当红军!
欢迎农民打土豪分田地!

万石塘红军标语

万石塘红军标语

红军是工农自己的军队！反对白军拉夫！

欢迎靖卫团丁回家耕田！红军不拿工人农人一点东西！

欢迎农民起来实行土地革命！

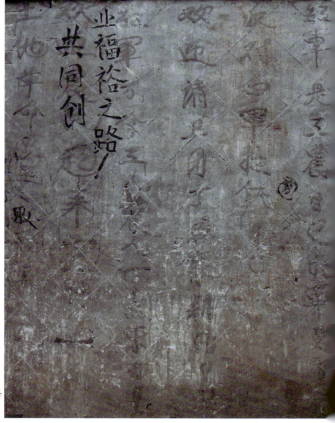

万石塘红军标语

枫山李家村红军标语

标语简介:

枫山李家村红军标语位于黎圩镇枫山村委会上李村李氏宗祠和下李村仲友公祠内。为粉碎国民党军的第四次"围剿",1933年1月,中央红军北进,进入金溪县境,发动金溪战役,在此期间,红5军团到与金溪县接壤的东乡县黎圩镇枫山村上李、下李两自然村进行休整,在村中进行革命斗争宣传并在祠堂中留下了宣传标语。

背景资料:

红五军团 红五军团是第二次国内革命战争时期中国工农红军主力部队之一。中国工农红军第五军团是原国民革命军第二十六路军在江西宁都起义之后改编的。1931年12月14日,由赵博生、董振堂等同志领导的宁都起义爆发,并获得成功。起义军共1.7万余人,归入红一方面军建制。下编13、14、15三个军。军团总指挥为季振同,副总指挥为董振堂,政委为肖劲光,政治部主任为刘伯坚。第13军军长为董振堂(兼),政委为何长工;14军军长为赵博生,政委为黄火青;15军军长为黄中岳,政委为左权。肃反扩大化中季振同被错杀,总指挥改由董振堂担任。后作为中央红军后卫参加长征。1935年7月,红1、红4方面军会师以后改称中国工农红军第5军,仍由董振堂任军长,编入左路军开始西征。1937年1月,红5军主力与六倍与己的敌人血战甘肃之高台,军长董振堂以下2000多人全部壮烈牺牲,只有极少数人辗转回到陕北。

李氏宗祠始建于明代,后毁,现保留建筑为清代晚期,坐北朝南,砖木石材料建造,硬山顶屋面,混合式结构,占地面积约700平方米,2004年公布为县级文物保护单位。标语书写于李氏宗祠大门内左边墙壁上,白底黑字,毛笔书写,现存标语2条,一条是"白军士兵是工农出身不要拿枪替军阀来打工农"落款为"红军第五军团宣";另一条因墙壁上石灰脱落,字迹不全,"打倒……民族的……国民党"。

枫山李家村红军标语

枫山李家村红军标语

仲友公祠为清代晚期建筑,因年久失修,整体破旧不堪,祠内堆满杂物。标语写于祠堂内中间部分的左边木板壁上,字迹还算清晰。中大门左侧木板壁上,毛笔书写,现存标语2条,一为"打倒国民匪党"落款为"红军第五军团",另一条为"打倒帝国主义推翻帝国主义"。

枫山李家村红军标语

南 城 县

　　土地革命战争时期,南城是中央苏区的基本区域,苏区面积占全县总面积67%。该县现有国土面积1697.97平方公里。

　　1933年3月,成立金(溪)南(城)特区革命委员会,隶属闽浙赣省苏维埃政府,同年5月划属闽赣省。同年8月,与金溪县部分苏区合并设立金南县,成立金南县苏维埃政府,隶属闽赣省苏维埃政府。同年10月下旬,区委在南城王坪召开党员代表大会,闽赣省委常委邵式平在会上宣布闽赣省委关于建立中共建东县委的决定。同时成立县苏维埃政府。

　　红一方面军红一、红三军团,东方军、红十一师、红十二师都在南城战斗过。1932年8月,红一方面军对南城县城国民党军围而不攻。此后,域内发生过的著名战斗有:渭水桥战斗、黄狮渡战斗、长源庙战斗、硝石战斗、新丰街战斗、里塔战斗、洪门战斗等。

　　毛泽东、周恩来、朱德、林彪、彭德怀、罗炳辉、滕代远等都在南城指挥过战斗。红军在南城战斗期间,留下许多宣传标语,主要分布在株良镇磁圭村、上唐镇、龙湖镇、里塔镇等地。域内现存红军标语208条。

磁圭红军标语

标语简介：

　　磁圭古名磁龟，因河中有石如龟，因其石又为磁石，故名。唐代末年，御史罗德称(罗袍)隐居于此，繁衍生息，后成罗氏聚居地。明代著名地理学家徐霞客在他的游记中写道："自西而东，夹溪而宅，甚富，皆罗氏也"。明代罗玘致仕后觉"龟"字不雅，更为"圭"，于是磁圭一名沿用至今。磁圭位于临川、宜黄、南丰、南城交界处，距南城县城约四十公里，整个磁圭村四周翠峰怀抱着一块开阔的谷地，一条清溪(磁圭河)自西而东蜿蜒流过，建村至今已逾一千一百余年。

　　磁圭至今保留下许多红军标语，从标语内容、落款及军史分析，磁圭村的红军标语形成有两个时期，一是1932年8月下旬，乐宜战役结束后，红一方面军进行修整，红三军团驻扎在磁圭，直到10月16日红一方面军进行建黎泰战役，才离开此地。此期间中共苏区中央局于10月上旬召开了宁都会议，会议后，解除了毛泽东的军队领导权，临时中央以要毛泽东主持临时中央政府工作的名义把他调回后方，接着任命了周恩来兼任红一方面军总政治委员的职务。二是1933年6月，红三军团在乐安湖坪整编后组成东方军东征福建途经磁圭在此短期驻扎。红三军团驻扎期间，在磁圭开展生产生活、宣传扩红、发动斗争、打土豪分田地运动。现该村留存许多革命遗址和红军标语，是南城县红军标语保存数量最多的村，达177条，保存标语的建筑有7栋。本章选取5处介绍。

磁圭村全景

环山草堂红军标语

标语简介：

环山草堂位于磁圭村西北面,清代建筑,坐西向东,硬山顶屋面,穿斗式结构,大门为石制,门额上嵌"环山草堂"横匾,建筑面积约240余平方米。草堂前有一庭院,东南角斜开八字院门,院门门额刻"悟轩"二字。标语用石灰水刷写于院门和正门两侧外墙清水砖上,能辨识清楚的有3条。根据标语落款推断,疑为1933年6月间由红三军团第五师留下的。此时红三军团在乐安湖坪整编后,组成东方军进军福建途经磁圭。

背景资料：

国民党出卖华北 1933年3月9日,日军向长城各口进犯。受到国民党29军的激烈阻击。5月6日南京国民政府谋求与日在华北停战。由当时北平政务委员长黄郛和日本关东军副参谋长冈村宁次秘密交涉。5月25日中共中央发表《为反对国民党出卖华北平津告民众书》,号召全国人民"反对日本帝国主义进攻平津,反对国民党南京政府和北方军阀的新卖国"。《告民众书》揭露了国民党全权代表黄郛与日本侵略者进行出卖华北的秘密谈判,反对国民党对日妥协卖国、对内进攻苏区的不抵抗政策。5月31日国民政府军事委员会北平分会代理委员长何应钦委任的全权代表陆军中将熊斌和冈村宁次在塘沽签订停战协定,即《塘沽协定》。协定规定:中国军队迅速撤退至延庆、昌平、高丽营、顺义、通州、香河、宝坻、林亭口、宁河、芦台所连之线以西、以南地区,以后也不得越过该线及作一切挑战扰乱之行动等。实际上承认了日本对东北、热河的占领,同时划绥东、察北、冀东为日军自由出入地区,从而为日军进一步侵占华北敞开了大门。

打倒国民党政府!

打倒出卖华北的国民党！红军进三五宣

医治白军俘虏兵！红军三宣

辑瑞民居红军标语

标语简介：

辑瑞民居红军标语位于村中部磁圭河旁，该民居建于清康熙三十六年(公元1697年)，坐北向南，硬山顶屋面，穿斗式构架。建筑前院西向立一木牌楼院门，六柱三间单楼式，正楼为三层如意木斗拱支撑屋面，字牌嵌有村人罗什康熙丁丑年手书"辑瑞"匾额。红军用毛笔在建筑内西厢房及阁楼的粉壁和木板壁上题写了多处标语，现存14幅。标语书写时间与环山草堂红军标语时间相同。

背景资料：

中国工农红军优待条例 1931年11月第一次全国苏维埃代表大会通过，全文18条，2月临时颁布了《执行红军优待条例的各种办法》19条，人民委员会还通过了《对于赤卫军及政府工作人员勇敢参战而受伤残废及死亡的抚恤问题的决议案》7条，优待红军工作进入有章可循的阶段。

辑瑞民居门坊

辑瑞民居正面

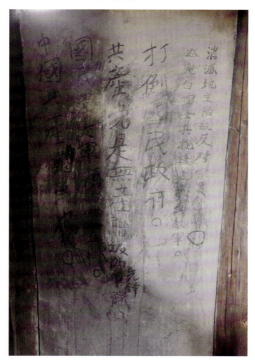

辑瑞民居红军标语

打倒投降帝国主义的国民党！扩大一百万红军。反对白军拉伕。卫生(宣)

1.反对帝国主义瓜分中国！2.红军是工人农民自己的武装！3.反对帝国主义□□□！4.勇敢坚决的青年来当红军！5.□□□□6.慰问红军自动当红军替红军送消息！7.帮助红军买粮食！8.帮助红军运输！9.帮助红军家属耕田！10.努力耕种红军公田！11.实行优待红军条例！12.输送工人干部到红军中去！13.实行政治委员条例！红军进特队(宣)

1.工人组织工会　2.实行八小时工作制加工资　3.拥护苏维埃　工人有病老板发给□□□　4.反对老板工头打骂工人□□□
5.加入工会　6.保护女工□□利益

活捉蒋介石

农民起来打土豪分田地！红进宣

打倒屠杀工农国民匪党。进卫担四（宣）

打土豪分田地。进卫担四（宣）

欢迎资楼农民打土豪分田地。进卫担四（宣）

欢迎白军弟兄拖枪来当红军。进卫担四（宣）

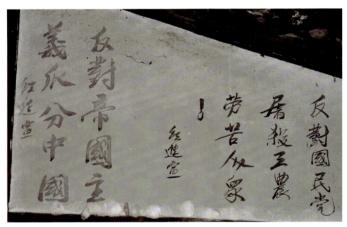

反对国民党屠杀工农劳苦大众！红进宣

反对帝国主义瓜分中国！红进宣

消灭豪绅地主财物！红进宣

罗赵云民居红军标语

标语简介：

　　罗赵云民居位于村南，背靠竹林山，与辑瑞民居隔村中公路及磁圭河相望，坐西北向东南，建于清末，硬山顶屋穿斗式结构，面阔五间14.4米，进深约17米。标语用石灰水书写于正门外墙清水砖上和用毛笔书写于屋内白粉壁及木板壁上，共计12幅。书写时间为1933年6月。

背景资料：

　　中华苏维埃共和国劳动法　　中华苏维埃共和国劳动法于1931年11月中华工农兵苏维埃第一次全国代表大会通过，1933年10月15日修正，全文十二章七十五条，是我国第一部劳动法。本处标语中一些为宣传劳动法条款。

打倒屠杀工农的国民党，争取江西首先胜利！红军

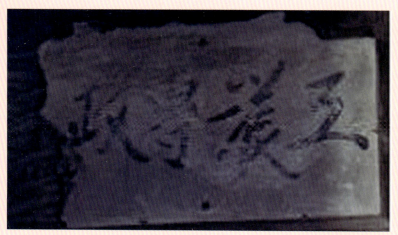

工农专政！

白军士兵是工农出身不要来打红军。消灭地主武
装实行土地革命。红进甲机青(宣)

要想救国必须打倒卖国的国民党！红进甲机青(宣)

反对帝国主义瓜分中国。为了政权而斗争！

白军士兵要求出路只有来当红军！反对
国民党禁止士兵抗日。红军□□机进宣

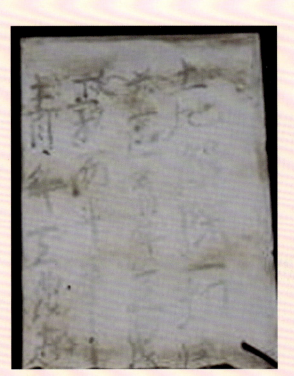

土地解除一切□□□□，苏区青年工农□□
□政权而斗争！青年工农起□□□□。

反对国民党抽丁拉伕。打倒不去抗日却来屠
杀中国工农的国民党。工农兵团结起来打倒
卖国的国民党。

青工与成工童工同酬，实行青工六小时童工四小时。

实行土地革命！红军/进甲机青(宣)

(彻)底平分土地　红军/进甲机青(宣)

磁圭村罗赵云民居红军标语

杨新华民居红军标语

标语简介：

杨新华民居位于村中部，南临磁圭河，西北面与辑瑞民居相距 50 米，原为村中店铺，全木建造，悬山顶屋面，穿斗式结构，占地约 420 平方米。现存红军标语用毛笔书写于建筑阁楼上的白粉壁和木板壁上，共有 10 幅。从标语内容分析，有两个时间段，一个是 1932 年 9 月第四次反"围剿"前期，一个是 1933 年 6 月。

背景资料：

六二三事件沙基惨案 发生于 1925 年 6 月 23 日，又称六二三事件。1925 年 5 月，英日镇压在上海游行工人引发了五卅惨案。"五卅"惨案发生后，中共广东区委和中华全国总工会派邓中夏、杨殷、苏兆征、林伟民、李启汉等人到香港和广州沙面租界的工会以及工人群众中进行了罢工的准备工作。1925 年 6 月 23 日，广东各界在东校场举行了声讨帝国主义在上海制造"五卅"惨案大会，会后举行了游行示威。中共广东区委主要领导人陈延年、周恩来均参加了游行。下午 2 时 15 份，游行前队抵达沙基，秩序井然地转入菜栏街，后队继续有序地行进在沙基、西堤一带。2 时 40 分，当岭南大学、坤维女子师范学校、圣心书院、执信和广州二校及黄埔军校等学生队伍行进到沙基时，沙面西桥旁的域多利酒店上一名外国人首先用手枪向游行队伍打响第一枪，已经处于戒备状态的沙面内西桥脚的英法军队立即赢机枪向沙基扫射，游行队伍走避不及，当场死亡多人。

医治白军俘虏兵！红进七宣　反对国民党抽丁拉伕！红军

欢迎白军弟兄拖枪来当红军。武装收回东北失地。打倒不准说抗日的国民党。反对帝国主义瓜分中国。打倒出卖华北的国民党！

红军士兵是工农出身。白军士兵拖枪过来当红军。土豪的谷子分给群众不要钱。国民党官长打骂士兵。欢迎白军士兵来当红军。青年扩大红军。粉碎敌人四次围剿。红三四宣

消灭地主阶级反对富农剥削。欢迎白军士兵拖枪过来当红军。打倒国民政府。共产党是无产阶级的先锋队。国民党是军阀的军队。中国共产党万岁。

打倒屠杀工农的国民党。打倒国民党。

青年领导青年来(当)红军。打倒国民党勾结帝国主义进攻中国。打倒出卖华北的国民党。打倒出卖民族利益的国民党。反对帝国主义瓜分中国。红三四宣。

反对帝国主义瓜分中国。工农暴动起来打土豪分田地。武装拥护苏联。打倒国民党出卖中国。粉碎敌人四次围剿。打倒国民党政府。扩大百万铁的红军。实行土地革命。苏维埃政府万岁。红军宣

纪念『六二三』每个红色战士要和两个群众谈话。纪念『六二三』反对帝国主义进攻平津！纪念『六二三』消灭目前敌人夺取中心城市。

欢迎白军士兵拖枪过来当红军。农民起来打土豪分田地。实行土地革命。红军是无产阶级的先锋队。共产党是无产阶级的政党。扩大一百万铁的红军。粉碎敌人四次围剿。勇敢青年工农自动来当红军。土豪的谷子不要钱分给群众。农民组织赤色农会。工人组织赤色工会。替红军送消息。帮助红军带路。

反对国民党出卖华北。只有苏维埃才能救中国。国民党不消灭中国将完全变成殖民地。打倒不准说抗日的国民党。

扩大百万铁的红军。红军奋特队(宣)

反对国民党出卖华北！反对国民党把士兵调来打苏维埃与红军！红奋特队(宣)

上唐街红军标语

标语简介：

上唐街红军标语位于南城县上唐镇上唐街义记 2 号民房内，该民房原为建昌药业商号，主人不详，穿斗式构架（门厅为混合式构架），硬山顶屋面，条石方砖铺地，面宽 52 米，进深 35 米，占地面积 2400 余平方米，西侧建有仓库。标语位于后进西正房外墙石灰粉刷的竹夹泥墙上，白底黑字。现存红军标语 3 幅 12 条。这些标语是 1933 年 6 月，红一方面军在南城新丰街附近击溃敌第 8 师及 24 师各一团后，乘胜占领新丰街，并随后转到上唐镇上唐街进行宣传时留存下来的。

上唐义记民居

青年工农起来为苏维埃政权而奋斗！苏区青年工农分得了土地。

打倒国民党政府！推翻帝国主义！消灭地主武装！消灭一切反动派！

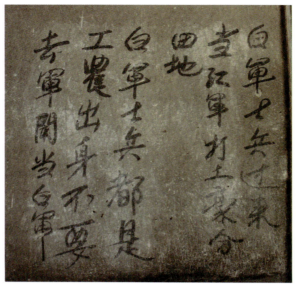

白军士兵过来当红军打土豪分田地，白军士兵都是
工农出身不要去军阀当白军

欢迎白军士兵拖枪过来当红军！红军联乙宣
红军是工人农民自己的武装！白军是军阀豪绅的军队！
白军是屠杀劳苦工农群众的刽子手！红军是拥护贫苦工农群众利益的！
白军们你们一在笼里走出来就被我们的工农红军打坍了，你们就要死吧！
白军士兵与红军联合起来同去抗日反帝！红军联五五三宣

小竺红军标语

标语简介：

土地革命时期，红军主力转战南城。在县境东南的龙湖建立苏维埃政权建东县苏维埃政府，并开展打土豪分田地，发展生产，扩大红军工作。小竺红军标语位于南城县龙湖镇小竺村小竺街 66 号民居，该民居为清末建筑，穿斗式结构，悬山顶屋面，因后人改建，整体建筑形式已改变，现存面积 320 余平方米。标语用红漆写于石灰粉刷的竹夹泥墙面上，现存红军标语5 条。

背景资料：

建东县苏维埃政府 1933 年 9 月成立，机关驻今南城县龙湖镇王坪村。直属闽赣省革命委员会、省苏维埃政府，下辖硝石、石下、谢坊、崔坊、陈坊、王坪、凤洲、竺油、大竺、小竺、龙沙等 19 个乡苏维埃政府。1933 年 11 月，在第五次反"围剿"中，建东县苏区被国民党军占领，机构撤销。县苏维埃政府主席周述，后为邵金钢。

小竺街 66 号民居

发展民族革命战争！——红Ⅲ特宣

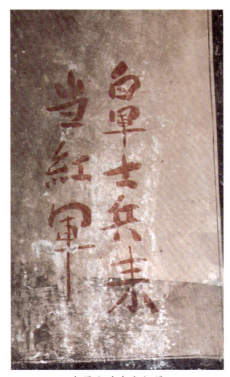

白军士兵来当红军

穷人不打穷人，士兵不打士兵。

北源村红军标语

标语简介：

北源村红军标语位于龙湖镇竺由村北源村小组村东儒林第民居，该民居由两栋并排的清代嘉道年间的建筑组成，坐北向南，穿斗式结构，硬山顶屋面。面宽54米，进深26米，建筑前有一深14米院落，八字形院门，门楣上刻有"儒林第"三字。两栋建筑只余西面的骑尉第尚保存完整，东面建筑只余一段外墙，其余部分已拆旧建新。现存红军标语用石灰水书写于院墙东段和主体建筑南外墙上，以及用毛笔书写于骑尉第大门西侧漏窗上，总共有10条。这些标语均为1932年底黄狮渡战斗时期红三军团所留。

背景资料：

黄狮渡战斗 黄狮渡位于金溪、资溪、南城三县交界处，是一个丘陵地带，因地势险峻构成了一个重要的军事据点。红一方面在朱德、周恩来和王稼祥的率领下，为了粉碎国民党军队对中央苏区的第四次"围剿"，打通中央苏区与赣东北苏区的联系，决定再度北进。1932年12月31日，红一方面军总司令部发布黄狮渡战斗命令。1933年元旦，中央红军1、3、5军团共计3万余人，从黎川、资溪等地出发进入金溪县境。随同朱德、周恩来、王稼祥到金溪的还有1军团军团长林彪、政委聂荣臻，3军团军团长彭德怀，5军团政委萧劲光等。1月4日，红军在黄狮渡与敌人展开激战，至5日下午六时，击毙敌军1000多人，俘虏敌军官兵3000多人，并占领了金溪县城。黄狮渡大捷，打乱了国民党军队的进攻部署，扩大了闽浙赣苏区，为粉碎敌人的第四次"围剿"提供了有利条件。

勇敢坚决的工农当红军去！帮助红军买粮食！红军

贫苦工农自动起来当红军！

只有共产党才能领导……

苏维埃政府是工农兵……

拥护中国共产党！红军宣

打倒国民党！红军宣

打倒帝国主义！红军宣

发展民族革命战争！红军宣

工农儿童组织共产儿童团！红军

风洲红军标语

标语简介：

    风洲红军标语位于南城县龙湖镇风洲村西 1 栋民房内，该民房建于 20 世纪 20 年代，为一向 5 间的开门厅建筑，穿斗式结构，悬山两面坡屋顶，两侧用马头墙围护。面积约 200 平方米。现存红军标语用毛笔书写于建筑外墙石灰粉刷的竹夹泥窗围上，共有 7 幅，其中 6 幅较清楚。是 1933 年初黄狮渡战斗时期红三军团在此驻扎时所留。

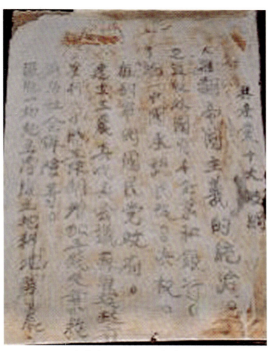

共产党十大纲领(内容略)

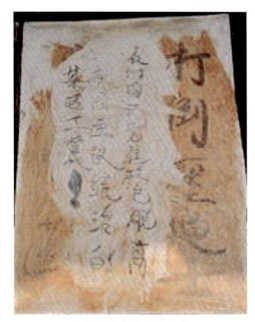

打倒压迫士兵的国民党
反对国民党进攻已脱离帝国主义统治的
苏区工农!

援助义勇军反日反帝反国民党。
苏维埃红军是真正反帝国主义的救世主——
红军政宣。

打倒帝国主义国民党推翻军阀国民党。

反对国民党进攻二月正反日反帝的苏维埃
和红军。——红军士兵宣!

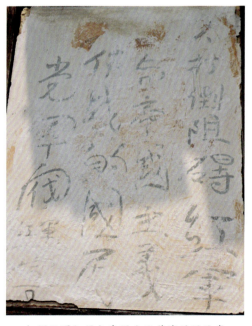

打倒阻碍红军与帝国主义作战的国民党
军阀——红军宣

厚田红军标语

标语简介：

厚田红军标语位于南城县里塔镇厚田村村中1栋清代民房中，因年久失修，建筑基本损毁，只余大门及一堵围墙。现存红军标语用毛笔书写大门墙檐下和房木板壁上，共有2幅4条。1933年2月，红一方面军攻打南丰县城，将指挥部设南城县里塔镇里坊营，并在周边开展革命工作。厚田村红军标语就是那时所留。

背景资料：

南丰战斗　1933年2月第四次反"围剿"期间，临时中央和苏区中央局不顾敌情实际，命令红一方面军进攻敌军重兵设防的南丰城。尽管朱德和周恩来根据敌情对此命令表示了不同的意见，但还是被迫强制执行。此时的南丰是敌军自江西东面进攻中央根据地的战略支撑点，修筑有坚固工事，易守难攻。守将是敌军毛炳文第八师六个团。2月1日，彭德怀奉命率红三军团主攻南丰，守敌毛炳文师的五个团拼命抵抗。红三军团先后两次对该城发起猛烈强攻，但均未奏效，自己伤亡不小，第三师师长彭遨在亲临前线侦察敌军城防情况时，不幸中弹牺牲。朱德、周恩来、刘伯承等方面军首长都来到这里观察敌情，商议下一步战斗计划，当即决定改强攻为围攻，以减少更大的牺牲。遭红军围攻的毛炳文害怕被歼，频频向陈诚告急。陈诚以为这是消灭红军的极好机会，企图一举将红军主力围歼于南丰城下。他令毛炳文师固守南丰，并令第二十四师派兵驰援，将红军主力吸引在南丰城下。同时，令中路军三个纵队火速集中后开往南丰、黎川，内外夹击红军主力。朱德和周恩来、彭德怀等根据守敌死守待援和援敌三路进逼的敌情，毅然决定红军主力撤离南丰，伺机歼敌。

红军是工人农民自己的武装。

红军是执行土地革命。

反对帝国主义军阀的革命军队。

白军士兵们也是工农出身不要替军阀当炮灰！

南 丰 县

　　土地革命战争时期,南丰县是中央苏区的基本区域,为全苏县。该县现有国土面积1920平方公里。

　　1930年4月,成立县苏维埃政府,隶属赣西南苏维埃政府东路办事处,10月起,隶属江西省苏维埃政府赣东办事处。1931年1月起,隶属江西省苏维埃政府。1932年2月,将南丰的一部分区域并入广昌,改称南广县。同时,成立中共南广县委员会,隶属中共宁都中心县委。1932年8月,成立中共南丰(南广)中心县委,隶属中共江西省委。机关设广昌县城。1933年1月,改称中共广昌中心县委。1932年11月,康都县苏维埃政府筹备局在康都成立,计划包括建宁渠村、黎川西城和南丰傅坊地区。1933年8月16日,中央人民委员会第48次会议批准设立康都县。

　　红一方面军红一、红三、红五军团,红四军、红十二军、红二十二军,江西红军独立二团都在南丰战斗过。域内发生的重大党史事件和重要战斗有:康都会议、红军四次攻克县城战斗、佯攻县城、三岬嶂战斗,凤翔峰、三溪圩战斗,沙岗上战斗、大罗山战斗等。

　　毛泽东、周恩来、朱德、彭德怀、林彪、罗荣桓、聂荣臻、刘伯承、杨尚昆、谭震林、粟裕等都在南丰指挥过战斗。红军在南丰战斗期间,留下许多宣传标语,主要分布在白舍、太和、付坊、市山、三溪等乡镇。域内现存红军标语87条(幅),清晰可辨的52条(幅)。

晗头红军标语

标语简介：

　　晗头红军标语位于南丰县白舍镇晗头村邱家堡村小组邱冬成房屋墙壁上。房屋面积大约50平方米，土坯外墙，悬山顶屋面，破损较严重。标语书写于土坯外墙上，共有3条，从内容判断成书于1934年初中央苏区第五次反"围剿"期间，是红军为打破封锁所做的战争动员。

粉碎敌人五次围剿

坚决打，准备打，就是要打

反击侵略战争，宁愿前进一步，不可……

罗坊红军标语

标语简介:

　　罗坊红军标语位于南丰县白舍镇罗坊村上街 42 号,房屋所属罗水龙、罗炳云两人,面积大约 150 平方米,现存 2 条标语,推断为第五次反"围剿"时期,红军在白舍阻敌时所留。

罗坊红军标语

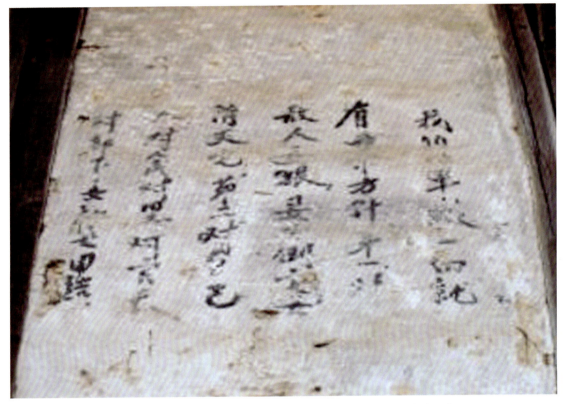

我们的军队一向就有两条方针,第一对敌人要狠,要打倒它,要消灭它,
第二要对自己人、对人民、对同志、对官长、对部下要和要团结
罗坊红军标语

背景资料：

　　白舍战斗　1934年3月中旬,国民党第三路军总指挥陈诚为攻取广昌,命令94师李树森率部攻击广昌的北大门白舍。中央红军为了准备广昌保卫战,命令红九军团在军团长罗炳辉、政委蔡树藩率领下,于白舍一线构筑工事,组织防御,牵制国民党军队。94师对红军阵地进行了多次攻击,一无所获,国共双方在白舍镇对峙近半月之久。3月29日晚,红九军团在完成牵制任务后,退出阵地。

田东红军标语

标语简介：

田东红军标语位于南丰县白舍镇田东村李家大屋，为南丰县苏维埃政府旧址，坐东朝西，硬山顶，穿斗式木构架，砖木结构，面宽 15 米，进深 27 米，占地面积近 400 平方米，现旧址后墙壁上仍存当年红军写下的标语口号。内容为"□□当太阳、星星当月亮、锄头当刀枪，要在人民战线上，打个大胜仗"。

田东红军标语

背景资料：

南丰县苏维埃政府　1930 年 4 月,中国共产党南丰县第一次党代会在田东召开,相继又在白舍的高池村召开了南丰县第一次苏维埃代表大会,成立南丰县苏维埃政府,原隶属赣西南苏维埃政府东路办事处。1930 年 10 月起,先后隶属江西省苏维埃政府东路办事处、赣东办事处;1931 年 11 月起,直属江西省苏维埃政府。机关驻县境南部白舍圩。同年冬,迁县境西南田东村(今属白舍镇),下辖东(驻白舍)、西(驻洽村)、南(驻高池)等 3 个区苏维埃政府。由于地处中央苏区北部边缘,南丰苏区常被国民党军侵占。1932 年 2 月,机构撤销,成立南广县苏维埃政府。1933 年 4 月,南广县苏维埃政府撤销,成立南丰县革命委员会,机关驻白舍圩,隶属江省苏维埃政府,下辖长陂、白舍、傅坊、甘坊、店前(以上属南丰县)、千善(属广昌县)等 6 个区苏维埃政府。1934 年 4 月,在第五次反"围剿"中,南丰苏区大部分失陷,县委、县革委机关干部成立游击队,转入南丰、广昌边界山区开展游击。10 月,机构解散。

三坑红军标语

标语简介：

三坑红军标语位于南丰县白舍镇三坑大堡村小组官明和房屋，房屋面积约 180 平方米。现存 2 条标语，从落款和红军军史分析，这些标语是 1931 年 5 月下旬，第二次反"围剿"时期，红军主力部队经过这里，由红五军第三师士兵留下的。第五次反"围剿"期间，中共红军在此进行了三溪圩、三坑反击战。

背景资料：

三溪圩、三坑反击战　为阻止国民党军南进广昌，1934 年 3 月 11 日至 16 日，红一方面军第一、三、九军团（统归彭德怀、杨尚昆指挥）与国民党军北路军第三路军陈诚主力在三溪圩一带进行反击。3 月 11 日拂晓，红三军团军团长彭德怀、政治委员杨尚昆下达歼灭三溪圩、三坑地域之敌的命令。红一、三、九军团先后攻占五都寨、王家山、东华山，国民党军纷纷退至三坑、牛形岭一线高地，凭坚固碉堡工事，与红军对峙。13 日，红一、三、九军团主力进攻杨梅寨及其以北国民党军阵地。国民党第三路军副总指挥罗卓英亲临阵地督战，指挥第 94、11、67、8、14、79、98 师 7 个师，并向红军发动反攻。14 日，红军大部阵地被攻占，不得不撤离战斗，至 16 日，反击战结束，红军伤亡已达 2200 余人，被迫向南撤退。

三坑红军标语

欢迎白军弟兄打土豪分田地。穷人不打穷人，士兵不打士兵。红五三宣

欢迎白军士兵下级官长来当红军，倒转枪口杀死克扣军饷的反革命
官长，红军中薪饷穿吃一样，白军里将校尉饮食起居不同。优待俘虏。

望天红军标语

标语简介：

望天红军标语位于南丰县白舍镇望天村学堂村小组胡寿龙房屋。房屋面积约 70 平方米，现存 16 幅标语，内容分别为：

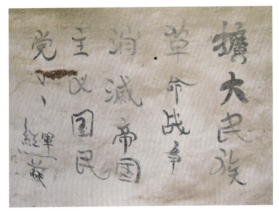

扩大民族革命战争，消灭帝国主义国民党！

望天红军标语

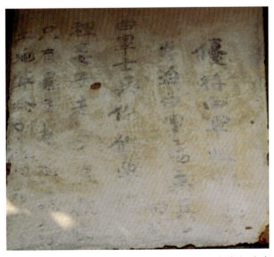

优待白军俘虏，要医治白军伤兵！白军士兵你们要家里妻子老母有饭吃，只有暴动起来实行土地革命！

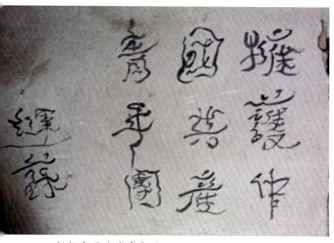

拥护中国共产青年团！

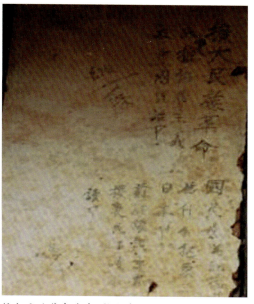

扩大民族革命战争，推翻帝国主义在中国的统治！
国民党说他抗日，为什么把东三省让给日本！

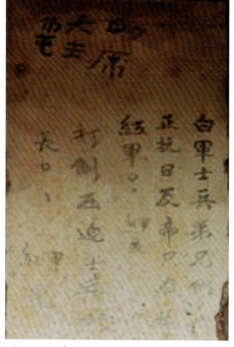

白军士兵弟兄们要真正抗日反帝只有拖枪
过来当红军！打倒压迫士兵的白军官长！

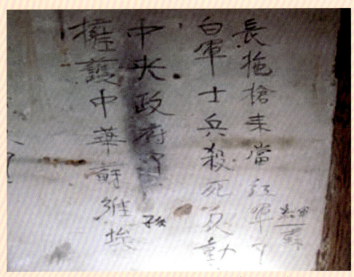

拥护苏维埃中央政府。白军士兵杀死反动官长拖枪来当红军!

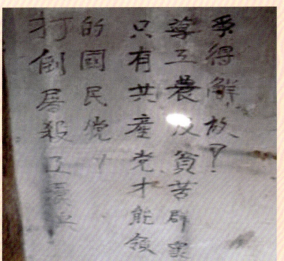

打倒屠杀工农兵的国民党!只有共产党才能领
到工农反贫苦群众争得解放!。

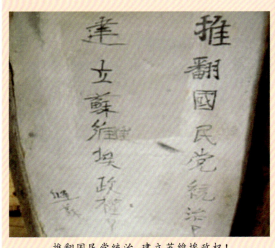

推翻国民党统治,建立苏维埃政权!

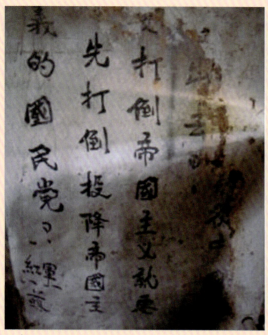

共产党是无产阶级的政党!

帝国主义从中国滚出去。打倒帝国主义就要先
打倒投降帝国主义的国民党!

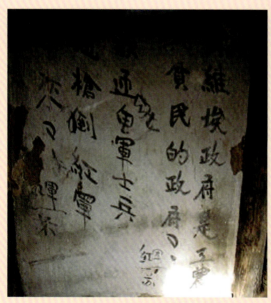

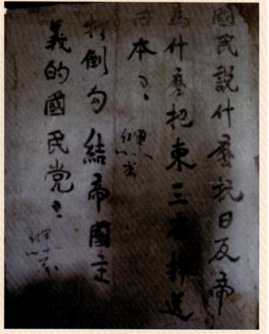

苏维埃政府是工农兵贫民的政府!欢迎白军拖
枪到红军来!

国民党说什么抗日反帝为什么把东三省捧送
日本?打倒勾结帝国主义的国民党!

石邮红军标语

标语简介:

　　石邮红军标语位于抚州市南丰县三溪乡石邮村外围 11 号吴鹏程民居，该民居清代建筑，坐北朝南，长 9.8 米，宽 13.8 米，面积约为 125 平方米。一进式，硬山顶，穿斗式木构架。进门是天井，天井两边各 1 间，厅横向七开，纵向 4 开，左右两边各 2 间，大门左书"文丞"右书"武蔚"，门内左墙上有红军标语 2 条，落款红军总政治部、中国工农红军总政治部宣。从落款和历史分析，该标语是 1933 年 1 月第四次反"围剿"时期中央红军攻打南丰时，中国工农红军总政治部驻扎石邮村时所留。

背景资料:

　　中国工农红军总政治部　1931 年 2 月设立，主任毛泽东，同年 6 月后由周以栗代理。1931 年 11 月 25 日中华苏维埃共和国中央革命军事委员会成立后，即改称中革军委总政治部，主任王稼祥，副主任聂荣臻。1932 年 2 月，中革军委总政治部改为中国工农红军总政治部，主任王稼祥，副主任贺昌、袁国平。1934 年上旬，由李富春代理总政治部主任。该部下设组织、宣传、破坏、地方工作、青年、政务等部和秘书处等工作部门，办有《红星报》《政治工作》等报刊。1934 年 10 月，编入军委第一野战纵队，参加长征。

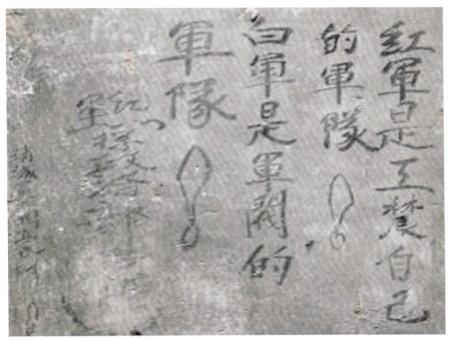

红军是工农自己的军队！白军是军阀的军队！消灭军阀豪绅！

红军总政治部宣

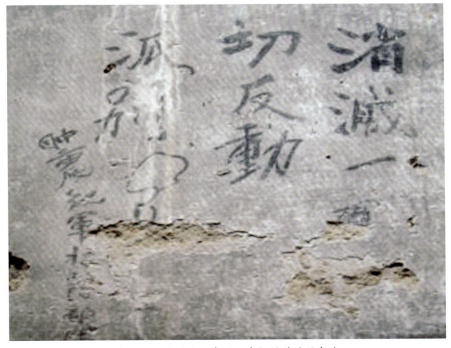

消灭一切反动派！中国工农红军总政治部宣

流坊红军标语

标语简介：

流坊红军标语位于南丰县市山镇流坊村 1 幢干打垒民房内，房屋面积约为 100 平方米。由村民曾长根、吴才保二家共有，现作为杂物间使用。在内墙壁上现存 3 条红军标语，落款为红首二机宣。

白军士兵要想得家里父母妻子的安居乐益只有来当红军。红首二机宣

农民起来打土豪分田地。红首二机

红军是工人农人自己的军队

康都红军标语

标语简介：

　　康都红军标语位于南丰县太和镇康都村，现发现有 3 栋民居刷写有红军标语，一栋是康都红一方面军司令部旧址宁家大屋，一栋是位于康都毛泽东旧居旁的 95 号民居，另一栋位于康都上街旁一处作坊。

　　康都红一方面军司令部旧址位于康都村下街宁家大屋，清代建筑，面宽 16 米，进深 15 米，坐北朝南，砖木结构，1931 年 6 月 3 日，取得第二次反"围剿"胜利后，红一方面军主力从福建建宁回师路过康都，并在此驻扎，红一方面军司令部就设在宁家大屋。红军战士在宁家大屋内用毛笔书写了多条标语，因年久失修，多数标语毁坏，现仅余 2 条。

康都红军标语

农民赶快回家来打土豪分田地，欢迎白军士兵和下级官长来当红军。

红军四军十二师三十五团一连士兵徐仔顺

农民打土豪分田地。农民赶快回家来打土豪，

土豪谷子不要钱，放给贫民。

康都村 95 号民居红军标语

标语简介：

康都村 95 号民居位于康都村下街,西边与康都毛泽东旧居相邻,民国开门厅式建筑,坐北向南,面宽 8.05 米,进深 11 米,面积 90 余平方米,原是老街的店铺,现作为居民房,多家共有。标语用毛笔书写于建筑厅堂石灰粉刷的竹平面泥墙壁和木板壁,现存标语 8 幅,落款均为红四军十一师三十二团。

背景资料：

红四军第 11 师 32 团、第 12 师 35 团 1928 年 4 月,朱德、陈毅率领的南昌起义保留下来的部队到井冈山与毛泽东领导的秋收起义部队胜利会师。5 月 4 日,2 支部队合编为工农革命军第四军(不久后改称工农红军第四军),下辖第 10、11、12 师,军长朱德,党代表毛泽东,参谋长王尔琢,政治部主任陈毅。第 11 师师长由毛泽东兼任。1929 年初,红四军东征福建,大柏地之战后,部队整编,取消师编制,改称纵队,1930 年 8 月,恢复师团建制。康都会议时,红四军军长为林彪,第 11 师师长曾士峨,政委罗瑞卿,第 32 团团长向玉成,政委杨成武。第 12 师师长肖克,政委张赤男,第 35 团团长罗占云,政委刘亚楼。

康都会议 1931 年 6 月 3 日红一方面军总司令部和总政治部转移至康都后,相继在此召开了总前委第七、八、九次会议和第一次扩大会议,史称"康都会议"出席会议的有毛泽东、朱德、王稼祥、彭德怀、林彪、谭震林、周以栗、(黄公略缺席)以及军政和地方主要负责人袁国平、谭政、蔡会文、龙普林、欧阳建、宋任穷、谢唯俊、古柏、郭化玉、罗荣桓、杨立三、耿凯等。

康都会议的中心议题是：

1.关于时局的估量与行动方针。

2.关于红军的政治宣传工作。

3.关于红军和地方武装的建设。

4.关于红军的军需工作。

5.关于第三次反"围剿"战区的选择和部队的布置问题。

"康都会议"对于开辟建宁、黎川、南丰根据地、红军队伍建设和争取第三次反"围剿"的胜利都具有重大意义。为第三次反"围剿"的胜利在思想上、政治上、组织上、军事上、经济上奠定了基础,在我国军事和革命史上占有光辉的一页。

康都会议旧址暨毛泽东旧居

康都村95号民居

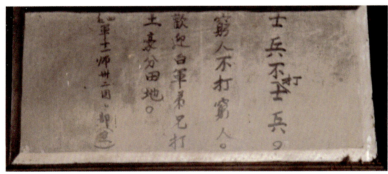

士兵不打士兵。穷人不打穷人。欢迎白军弟兄打土豪分田地。

红四军十一师三十二团一部

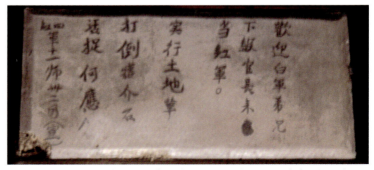

欢迎白军弟兄下级官长来当红军。实行土地革命,打倒蒋
介石,活捉何应钦。红四军十一师三十二团

国民党不准民众开会,共产党帮助民众开会。红军士兵会

国民党抽取苛捐杂税,共产党取消苛捐杂税。红四军十一师三十二团

康都村上街的红军标语书写于老街旁一家店铺外墙上,用红漆涂写。

共产党万岁。红军胜利万岁。红四军十一师三十二士兵会宣
打倒土豪劣绅。一切土地平均分配。十一师三十二士兵会
焚烧田契借约,努力消灭白匪。红四军十一师三十二士兵会

打倒帝国主义。武装拥护苏联。反对世界
二次大战。红四军十一师三十二士兵会

建立苏维埃根据地,红军方(交)

田陀红军标语

标语简介：

　　田陀红军标语位于南丰县付坊乡田陀村武帝殿后墙和村民甘智祥和甘智云的民房内，建筑内有多条红军标语。据当地老人回忆及党史验证，这些标语是1931年5月底，第二次反"围剿"期间，红四军随主力部队途经田陀村攻打福建建宁时留下的。

　　武帝殿位于田陀村进村道路南侧，清代建筑，坐东朝西，悬山顶穿斗结构，面宽11.3米，进深12.20米，两边有后人加建房，殿内供奉关羽，是一处道教场所。标语用石灰水刷写于武帝殿后墙上，内容为：欢迎白军兄弟来当红军。

武帝殿红军标语

甘智祥民房位于村中心,普通的平房,坐东朝西,悬山顶,砖木建造,部分外墙用干打垒围护。面宽14.7米,进深12米,面积约160余平方米。标语用毛笔书写于建筑内墙及阁楼窗下后墙,现存红军标语22条,部分标语相同,落款均为红四军第十师。

背景资料:

红四军第10师 1928年4月,朱德、陈毅率领的南昌起义保留下来的部队到井冈山与毛泽东领导的秋收起义部队胜利会师。5月4日,2支部队合编为工农革命军第四军(不久后改称工农红军第四军),下辖第10、11、12师,军长朱德,党代表毛泽东,参谋长王尔琢,政治部主任陈毅。第10师师长由朱德兼任。1929年初,红四军东征福建,大柏地之战后,部队整编,取消师编制,改称纵队。1930年8月,恢复师团建制,红四军军长为林彪,第10师师长王良。红军在田陀村驻扎时,红四军10师师长由王良担任。

共产党十大政纲

欢迎白军弟兄来当红军

欢迎白军士兵打土豪分田地

白军弟兄你在山东河南苦战得到什么,为什么又来打工农。

白军弟兄暴动起来杀尽压迫你们的官长。

白军官长打士兵,红军官长不打士兵
白军弟兄暴动来杀尽压迫你们的官长

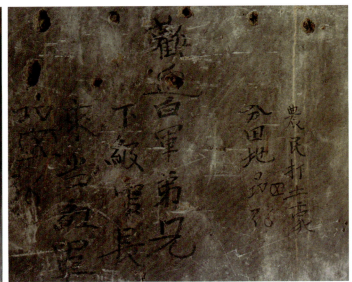

红军是工农的军队,白军是军阀的军队

打倒土豪劣绅。农民打土豪分田地。
欢迎白军弟兄下级官长来当红军。

　　甘智云民房位于甘智祥民房的北面,坐北向南,建筑结构大小与甘智祥民房相似,因无人使用,堆放了柴草。标语用石灰水刷写在南外墙上,现存红军标语3条。

田陀红军标语

老板不得打骂工人。打倒破坏革命……

农民打土豪分田地。红军。

古竹红军标语

标语简介：

古竹红军标语位于南丰县白舍镇古竹村，现存红军标语 3 处，分别是梅居公祠、下屋刘家以及村中 1 幢民房外墙。这些标语是 1934 年 3、4 月间，红三军团在南丰、广昌交界一带驻守阻击国民党军时留下的，具体部队不详。

梅居公祠是村中为纪念先祖刘炳炎（宋代曾任吉州路推官）而建，公祠占地 1000 余平方米，是村中刘氏的总祠堂，清代建筑，坐西朝东，面宽 17.2 米，进深 38.2 米，依中轴线排列有门厅、正厅、享堂，大门上悬挂刘梅居公祠匾，正厅前方左边挂着进士、举人、贡生匾，右边挂有仕宦匾，详细记载了刘氏自宋以来中进士、举人、贡生及任官宦的情况，正厅两侧木板壁上阳刻有忠、廉、节、孝四个大字，享堂供奉有神龛。主体建筑北面还建有配房做厨房、杂物房使用。红军标语用毛笔书写于前天井两侧墙壁上，白底黑字，由于祠堂年久失修，标语被墙顶流下的泥水涂污，大多辨识不清。另外有 2 幅标语书写于配房的石灰粉刷的竹夹泥板壁上，字迹清晰。

古竹红军标语

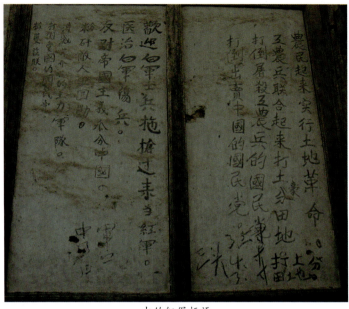

古竹红军标语

农民起来实行土地革命。工农兵联合起来打土豪分田地。打倒屠杀工农的国民党。打倒出卖中国的国民党。

欢迎白军士兵拖枪过来当红军。医治白军伤兵。反对帝国主义瓜分中国。粉碎敌人五围剿。消灭蒋介石的主力军队。打倒卖国的国民党。

反对国民党大烧大杀的政策。红军士兵都是工农出身。打破敌人的经济封锁。

古竹村外堡下屋刘家红军标语

标语简介：

　　下屋刘家位于古竹村村中，清代建筑，硬山顶穿斗式结构，坐北朝南，面宽 11 米，进深 25 米。标语用墨汁书写于建筑正厅两侧墙上，现存红军标语 20 多条，内容是："替红军送消息，帮助红军买米，帮助红军担架运输""白军士兵是工农出身，不要替军阀打自己的红军""消灭蒋介石主力"等。

下屋刘家红军标语

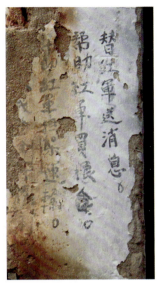

替红军送消息。帮助红军买粮食。
帮助红军担架运输。

白军士兵是工农出身,不要替军阀来
打工农自己的红军。欢迎白军士兵
拖枪来当红军。消灭蒋介石主力。

活捉白军师长

创造铁的红军

背景资料：

　　第五次反"围剿"　1933年9月，蒋介石调集约100万兵力，采取"堡垒主义"新战略，对中央革命根据地进行大规模"围剿"。这时，王明"左"倾机会主义在红军中占据了统治地位，拒不接受毛泽东的正确建议，用阵地战代替游击战和运动战，用所谓"正规"战争代替人民战争，使红军完全陷于被动地位。经过一年苦战，终未取得反"围剿"的胜利。最后于1934年10月仓促命令中央领导机关和红军主力退出根据地，进行长征。

金 溪 县

　　金溪在土地革命战争时期,属中央苏区的管辖范围,现有总面积 1358 平方公里。1932 年 11 月 19 日,红一军团攻克金溪,金溪即建立第一个乡苏维埃政权——竹桥乡革命委员会。此后,中央红军多次进驻金溪发展苏区,至 1933 年 5 月,全县建立了 34 个基层苏维埃政权,分属赣东北苏区信抚分区下辖的金资特区和金南特区(信抚、金资、金南应说明清楚)。1933 年 5 月, 中央苏区闽赣省成立, 金资特区和金南特区随信抚分区划入闽赣省管辖。同年 8 月,以金南特区为基础的金南县苏维埃政府成立,成为闽赣省所辖的苏区县,持续到 1934 年 2 月,历时 10 个月。金溪还是中央红军第四、五次反"围剿"的主战场之一,老一辈无产阶级革命家周恩来、朱德、王稼祥、彭德怀、聂荣臻、肖劲光等曾在这块红色土地上进行革命实践,共和国 10 位元帅中有 4 位在金溪苏区战斗过。红军在金溪活动期间,特别是在 1933 年 1 月金溪战役期间,在民间留下了大量标语。目前发现的红军标语有 200 多条,清晰可辨的有 50 余条,成为红军在金溪活动的历史见证。

秀谷镇南门红军标语

标语简介:

标语位于金溪县秀谷镇南门巷10号居民陈伯之住宅内,建筑物保存现状一般。1933年1月,该栋民居刚刚竣工,恰逢红军到来,红军宣传队在所有柱子上题写标语,当时柱子之间并没有树壁,后来用木板作壁,遮盖了大部分字迹,亦因遭水洗,外露字迹保存状况较差。现存红军标语有8条,稍清楚一点的有3条,落款"红军宣"。

背景资料:

金资战役（金溪资溪战役） 为打破国民党对中央苏区的第四次"围剿",1932年11月至1933年1月近两个月时间内,红一方面军在朱德、周恩来、王稼祥率领下,在抚州境内的金溪、资溪、南城一带,对国民党发起主动进攻,进行了南城渭水桥、黄狮渡、长源庙战斗,金溪枫山铺、浒湾战斗等一系列战斗,红军均取得了胜利,先后攻占了资溪、金溪、东乡县城。

秀谷镇南门10号居民陈伯住宅外观

打倒不准士兵反帝的国民党！欢迎白军兄弟来当红军！

苏维埃与红军是工人

后龚红军标语

标语简介：

好像没办法打开，不知道是不是网络的原因后龚红军标语位于金溪县左坊镇后龚村委会后龚自然村龚氏祠堂(红一方面军司令部旧址)内，祠堂系龚氏家族公共财产，建筑物保存现状较好。1933 年 1 月，红一方面军司令部驻扎后龚期间，红军宣传队在祠堂内墙壁上书写。该处红军标语有 26 条，比较清楚一点的标语有 12 条，内容是"打倒出卖民族利益的国民党(红军拥甲宣)""欢迎白军弟兄来当红军(红军第四军十一师三十二团部宣)""打倒帝国主义""打倒帝国主义的走狗国民党(红军宣)""粉碎敌人大举进攻(红军第四军宣)""打倒国民党反动派(红军拥甲宣)""白军士兵你们要真正抗日，只有拖枪来当红军！""白军士兵组织士兵会向官长算清欠饷！""白军中长官打骂士兵，红军中反对打人骂人！(红军拥甲宣)""欢迎白军士兵弟兄拖枪来当红军！""白军士兵要使家里妻子老母有饭吃，只有暴动起来实行土地革命！""打倒压迫士兵的官长！(红军拥甲宣)"

背景资料：

金溪后龚红一方面军司令部　红一方面军司令部旧址位于后龚村龚氏祠堂，始建于明朝洪武年间，清光绪六年(即 1880 年)重建，为东、中、西三栋连体大房，砖木结构，坐南背北，建筑总面积约 1600 平方米。西祠为祠堂正房，一进上、中、下三厅，中有两天井。中祠为两层，下层为储藏室、养病室。东祠一进上、下两厅，中有一天井，此祠为红军战士的用膳之处。朱德总司令曾在祠堂东侧小溪边亲手栽种了一颗桂花树，并带领红军战士在桂花树下面挖井一口，后龚村民为感谢红军解决他们吃水困难，将此井命名为"红军井"。祠堂西面小溪旁有一碓坊供红军碓米用。1985 年，后龚氏祠堂被金溪县人民政府公布为金溪县文物保护单位。2002 年，被金溪县委、县人民政府公布为爱国主义教育基地。2012 年 3 月，被抚州市委、市人民政府公布为爱国主义教育基地。

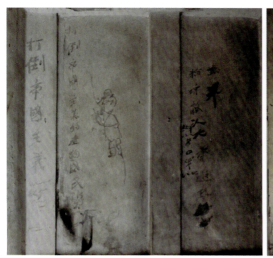

后龚红军标语

徐源红军标语

标语简介：

徐源红军标语位于金溪县左坊镇汤家村委会徐源自然村村民徐秀发旧宅内，建筑物保存现状较差，破损较为严重。1933年1月金溪战役期间，红一方面军宣传队在建筑内墙壁上书写。该处红军标语有12条，标语内容清楚一点的有9条，内容如下："打倒欺骗造谣威吓金溪工农群众的朱琛""打倒屠杀金溪工农群众的朱琛""打倒不抗日专来屠杀工农群众的国民党""农民起来实行土地革命""打倒抽收门牌捐猪捐牛捐的白军""欢迎白军弟兄来当红军""欢迎农民打土豪分田地""农民实行土地革命""粉碎敌人大举进攻（红胜一支宣）"。

背景资料：

朱琛　金溪地区国民党地方反共人士，二十年代末曾为国民党第五师少校军官，后在三十年代初回家乡任金溪县长，在苏区反"围剿"期间残酷镇压工农革命运动，采用"三分军事、七分政治"政策，对苏区进行全面封锁，在县长任上，朱琛曾上书蒋介石直陈国民党政权政策的症结："处处离开民众，任何良法适得其反。故保甲造成土劣集团，保卫团成为地痞渊薮，建筑堡垒，徒劳民财，演成政府求治之心愈切，而人民所受之痛苦则日深。其原因均为政烦赋重，处处予贪污土劣剥削之机会，故欲扬汤止沸，莫如釜底抽薪也。"（《朱琛上蒋介石意见书》）。

徐源红军标语

打倒欺骗造谣威吓金溪工农群众的朱琛、打倒屠杀金溪工农群众的朱琛

邬家红军标语

标语简介:

　　邬家红军标语位于左坊镇彭家村委会邬家自然村村口阳楼墙壁上，阳楼属邬氏家族公共财产，建筑物保存现状较差，墙壁上因风吹雨打和反复张贴宣传纸品，标语大多不全不清。标语为1933年1月金溪战役期间，红一方面军宣传队在阳楼墙壁上书写。该处红军标语有26条，其中清楚的标语只有7条，内容为"白军士兵不要上前线打仗替军阀当炮灰！""白军官长打骂士兵，红军反对打人骂人！""白军士兵组织士兵会，向官长算清欠饷！""白军士兵要使家里有饭吃，只要暴动起来实行土地革命！""白军打仗官长升官发财，士兵替军阀当炮灰！""白军士兵与红军联合起来抗日！""优待俘虏"等。

左坊镇彭家村委会邬家村阳楼

背景资料：

　　金溪战役　1933 年 1 月初，为了打破国民党军对中央苏区的第四次围剿，红一方面军主动出击，在金溪境内的黄狮渡（现属南城县）、枫山铺、浒湾、长源庙（现属南城县）进行了四次战斗，合称为"金溪战役"。1933 年 1 月 4 日至 5 日，红三军团和第二十二军乘国民党军调整部署之际，消灭驻守黄狮渡之敌第五师第十三旅，俘敌 1000 余人，占领金溪县城。国民党军迅速增调 3 个主力师进至浒湾，并于 7 日以其中 2 个师向金溪进攻，1 个师向黄狮渡进攻。驻南城之国民党军也以 1 个师向东北出击进行策应，企图围歼红军主力于浒湾东南地区。红一方面军在朱德、周恩来、王稼祥率领下，决定以红一军团、红三军团和第二十二军、第三十一师为右纵队，以红五军团为左纵队，分别迎击由浒湾东进和南进之敌。8 日，右纵队在金溪以西枫山铺、浒湾地区击溃向金溪进攻之敌第二十七、第九十两师；左纵队将浒湾南进之敌第十四师阻于黄狮渡以西长源庙地区，继在红三军团及第三军配合下，将敌击溃，在此次战斗中，红五军团副总指挥赵博生不幸牺牲。此后，国民党军继续加紧准备新的"围剿"，红军则以战备姿态在金溪、浒湾、黄狮渡地区征集资材，继续准备同抚河流域敌人主力决战，金溪战役遂告结束。

后车红军标语

标语简介：

后车红军标语位于金溪县左坊镇后车村委会后车自然村村民何佑衡旧宅（何佑衡等数户共有）内，建筑物保存现状较差。1933年8月金南县苏维埃政府成立期间，红一方面军宣传队在建筑内墙壁上书写了8条红军标语，现保存清楚的有3条，落款为红军一战宣。

背景资料：

金南县苏维埃 1933年8月，中央苏区闽赣省在金溪、南城、资溪三县交界原金南特区基础上，成立金南县苏维埃。下辖13个乡级苏维埃政权，政府驻南城水口。书记为李森佑，1933年11月，金南县苏维埃被国民党军占领，苏维埃撤销。

左坊镇后车村委会后车村内藏红军标语的村民何佑衡旧宅

白军士兵是工农出身，不要来打工农！

白军士兵组织士兵会，向官长算清欠饷！

打倒压迫士兵的白军官长

莲溪红军标语

标语简介：

　　莲溪红军标语位于金溪县双塘镇柏林村委会莲溪自然村，共有2处，1处位于山辉川媚书院旧址内，书院系周氏家族公共财产，建筑物保存现状一般。1932年11月19日，红一军团攻克金溪，金溪即建立第一个乡苏维埃政权——竹桥乡革命委员会。标语正是红军宣传队此期间在书院内墙壁上书写。该处红军标语有10条，稍清楚一点的标语内容是"中国共产党十大政纲(全文)"。

背景资料：

　　中国共产党十大政纲　　1928年中国共产党第六次全国代表大会于1928年6月18日至7月11日在苏联莫斯科近郊兹维尼果罗德镇的塞列布若耶乡间别墅召开。六大通过的政治决议案提出了中国革命的十大政纲：一、推翻帝国主义的统治。二、没收外国资本的企业和银行。三、统一中国，承认民族自决权。四、推翻军阀国民党的政府。五、建立工农兵代表(苏维埃)政府。六、实行八小时工作制，增加工资、失业救济与社会保险等。七、没收一切地主阶级的土地，耕地归农民。八、改善兵士生活，发给兵士土地和工作。九、取消一切政府军阀地方的捐税，实行统一的累进税。十、联合世界无产阶级和苏联。六大认为，这十大政纲，就是中国共产党现在争取群众，准备武装暴动，以推翻豪绅资产阶级政权的主要口号。

双塘镇柏林村委会莲溪村山辉川媚书院旧址

莲溪村红军标语

另1处位于村民王国平旧宅(王国平等数户共有)内,建筑物保存现状较差。1932年11月,竹桥乡革命委员会成立后,红军宣传队在该建筑内墙壁上书写。保存红军标语有4条,比较清楚的有2条,标语内容是"农民起来,实行革命""农民起来,实行分田地"。

金资特区 1933年1月,赣东北苏区红十军南渡信江和中央红军红三军团胜利会师后,改编为红十一军后,进驻金溪。红十一军派出工作团,加速赤化金溪工作,在金溪境内北部和东部的黄通、墩厚、合市、对桥等地成立了31个乡、村苏维埃政权(亦称革命委员会或农民协会或分田局),1933年5月成立金资特区革命委员会。下述的全坊村、旸田村均为金资特区的一部分。隶属中央苏区闽赣省。1933年10月下旬中央红军撤离金溪后,金资特区被国民党军队攻占,金资特区革命委员会解体。

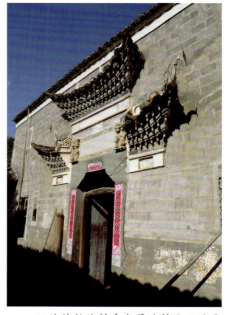

双塘镇柏林村委会莲溪村民王国平旧宅(王国平等数户共有)

莲溪村红军标语

全坊红军标语

标语简介：

　　全坊红军标语位于金溪县合市镇田南村委会全坊自然村村民全长安旧宅内，建筑物保存现状一般。标语为 1933 年 5 月，红一方面军宣传队在旧宅内木壁上书写。现该处红军标语有 3 条，标语内容是："打土豪分田地。""穷人不打穷人，士兵不打士兵。""欢迎白军下级官长来当红军"。

"打土豪分田地。穷人不打穷人，士兵不打士兵。
欢迎白军下级官长来当红军"

旸田红军标语

标语简介：

　　旸田红军标语位于金溪县对桥镇旸田村，共有 3 处，第 1 处位于村民邓德昌旧宅内，建筑保存状况较差。1933 年 10 月，红军宣传队在邓德昌旧宅内墙壁上书写。现该处红军标语有 7 条。

对桥镇旸田村民邓德昌旧宅外观

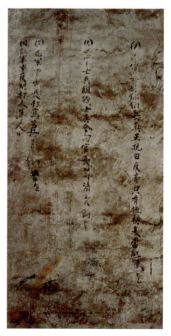

　　白军士兵你们要真正抗日反帝只有拖枪来当红军！白军士兵组织士兵会向官长算清欠饷！白军中官长打骂士兵！红军中反对打人骂人！

　　欢迎白军士兵拖枪来当红军！白军士兵要使家里妻子老母有饭吃只有暴动起来实行土地革命！打倒压迫士兵的白军官长！

第2处位于村民邓象能旧宅内,建筑物保存现状较好。1933年10月,红军宣传队在邓象能旧宅内墙壁上书写。

士兵不打士兵,穷人不打穷人!白军士兵是工农出身,
不要来打工农红军!

第 3 处位于旸田村部(古民居,集体所有)驻地内,建筑物保存现状较好。1933 年 10 月,红军宣传队在驻地内墙上书写。现该处红军标语有 6 条,标语内容均不完整。

对桥旸田村部红军标语

资 溪 县

　　土地革命战争时期,资溪县是中央苏区的基本区域,为全苏县。该县现有国土面积 1251 平方公里。

　　1933 年 2 月,成立县革命委员会,隶属闽浙赣省苏维埃政府,5 月划属闽赣省。同年 5 月下旬,成立县苏维埃政府,隶属闽赣省苏维埃政府。

　　1933 年 2 月 21 日,在金溪、资溪、南城 3 县边界地区建立金南特区。3 月 1 日,中共金南特区委和金南特区革命委员会成立,机关驻南城水口村。4 月初,在杨梅潭建立中共贵南特区委和贵南特区革命委员会。8 月,召开贵南特区第一次党、团员代表大会,成立中共贵南县委和贵南县苏维埃政府,隶属中共资溪县委。9 月 20 日,成立金南县苏维埃政府。区委和县苏维埃政府分别隶属中共资溪中心县委和资溪县苏维埃政府。

　　红一方面军红三军团,红十一军、红十军,闽北独立师都在资溪进行过战斗。1932 年 11 月,红三军团第一次攻克资溪县城。同年 11 月至 1933 年 1 月发生金资战役。期间,红十一军再次攻克县城。1933 年 6 月,彭德怀率部在南堡重挫国民党军。1933 年 7 月,发生资溪事变。

　　周恩来、彭德怀、聂荣臻、肖劲光、毛泽民、邵式平、方志纯、顾作霖、周建屏等都在资溪指挥过战斗。

　　红军在资溪战斗期间,留下许多宣传标语,主要分布在高阜、鹤城、乌石等乡镇。域内现存红军标语 39 条(幅),清晰可辨的 14 条(幅)。

港口红军标语

标语简介：

  港口红军标语位于资溪县高阜镇港口村，共有 3 处，1 处位于村东口胡家村小组应宿第民居内，2 处位于港口村小组彭氏民宅内。

  应宿第民居建于咸丰乙卯年间（1855 年），坐北朝南，砖木材料，穿斗式构架，硬山顶屋面，整座建筑面宽 17.5 米，进深 23.2 米，面积约 410 平方米。正门横额阴刻楷体"应宿第"三字，笔锋舒展，笔力遒劲。2009 年应宿第民居公布为资溪县文物保护单位。标语书写于民居内天井两侧厢房外板壁上，白底黑字，共有 4 幅，由于风雨侵蚀仅有 2 条清晰可辨。此标语于1933 年春红军创建信抚革命根据地期间由红 11 军战士书写。

港口红军标语

打倒投降帝国主义的国民党！打倒出卖民
族利益的国民党！红军联丙三。

扩大民族统一战线,推翻帝国主义□□统
治,扩大铁的红军。

另1处是以漫画形式存在,绘于港口村小组彭氏民宅内后进东厢房外竹夹泥板壁上,白底墨迹,宽0.7米,高1.2米,漫画描绘了当时国民党军队强行拉伕的场景。该民宅为清末建筑,坐北向南,砖木材料建造,穿斗式构架,硬山顶屋面,马头墙围护,面阔五间19.2米,进深27.1米。建筑前有一梯形院落,面积约180平方米,院门东向开八字门。

港口红军标语

港口村彭氏民宅红军漫画

　　第 3 处位于港口村小组另 1 处民宅中的大厅两侧和左右厢房外，保存了 13 条红军标语，由于年久潮湿石灰剥落使得大部分标语难以辨识，只余几条可清楚辨识。根据标语内容推断，这些标语书写于第四次反"围剿"期间，即 1933 年 1 月左右。

　　背景资料：

　　信抚革命根据地处信江与抚河之间，包括东乡、金溪、资溪、南城、余江、光泽等县部分区域，面积约 6500 平方公里，人口约 60 万。1933 年 1 月，周建屏率赣东北红十军南渡信江，与中央红军在贵溪上清宫会师改编为红十一军，随后，解放资溪全境与金溪、南城、贵溪、光泽等县的边界地区，形成以资溪为中心的信抚革命根据地，并在 1933 年 5 月并入中央苏区闽赣省。

港口红军标语

拥护苏维埃政府

冲破敌人四次围剿！消灭蒋介石！

粉碎敌人大（举）进攻！活捉敌人师长

大觉山红军标语

标语简介：

　　位于资溪县鹤城镇大觉山村上付村小组，现存标语共 7 条(幅)，据该村老人回忆，此红军标语是红军途经大觉山时刷写在民宅外墙上。标语内容可辨的有 5 条(幅)：

　　这些标语产生的标准时间应该是 1933 年 5 月 28 日(农历五月初五端午节)。书写的作者是当年闽赣省苏维埃军区红军指战员。

背景资料：

　　资溪中心县委　信抚革命根据地建立后，闽浙赣省和红十一军抽调大批干部来资溪苏区从事党和政权的建设工作。1933 年 2 月初，中共资溪中心县委[或称中共金(溪)资(溪)余(江)贵(溪)中心县委]成立，机关驻县城东郊泸阳镇。5 月，划属闽赣省委，同月，中心县委改为县委。1934 年 4 月，在第五次反"围剿"中，因全县被国民党军占领，县委停止活动。

大觉山红军标语

实行土地革命利益！武装保护中国革命！红军宣

武装拥护苏联！拥护苏维埃政府！

打倒豪绅压迫，□人农民身□血汗力工钱

马下红军标语

标语简介：

马下红军标语位于乌石镇桐埠村马下村小组，此红军标语是红军在此宿营时分别刷写在正门两边外墙上，现存标语共 8 条，只余 3 条可辨识。标语有落款"红军宣"字样，推断这些标语书写时间应该是 1933 年间，书写者为闽赣省苏维埃军区红军指战员。

白军士兵要使家里父母妻子有饭吃，
只有暴动起来，实行工农革命！

白军官士兵替官长打杀，红军替工农打仗，红军是军民军队，红军是工农武装！

白军士兵是工农出身，不要拿枪替军阀杀工农！

贻坊红军标语

标语简介：

贻坊红军标语位于资溪县乌石镇草坪村贻坊村小组，现存标语有 2 处。

1 处房主杨凤根，原为时任中共闽赣省委书记邵式平的通讯员。标语书写于建筑屋檐下，白底红字。

白军士兵是工农出身，不要拿枪替军阀杀工农！红军宣。

另 1 处书写于屋主丁全友的建筑外墙。

背景资料:

乌石茶山暴动 茶山位于乌石境内,历来盛产土纸,当时有造纸作坊30余个,工人100余人,大地主强迫工人在寒冬加夜班,工资却不增加。1930年12月,中共茶山党支部组织工人举行罢工斗争,要求增加工资40%。地主们暗中勾结国民党乌石区团总,密谋派靖卫团来茶山镇压。党支部得知这一情况,迅速组织工人举行暴动,攻打乌石区政府,由于消息走漏,敌人有准备,暴动未成,茶山一带的共产党组织遭到破坏,为保存革命力量,党支部撤往南城大竺、小竺一带。

白军士兵组织士兵会向长官算清欠,白军官长打骂士兵,红军的不会打骂人!

龚坊红军标语

标语简介：

　　龚坊红军标语位于资溪县嵩市镇高陂村龚坊村小组，现存标语共有6条，分别书写于龚缙五十五公祠等4栋民居外墙上，由于雨水冲刷，大部分标语已经斑驳不清，仅有2条完整。

背景资料：

　　资溪事变　1933年7月15日晨，逃往金溪的国民党资溪县县长王震率国民党军靖卫团二、三百人由嵩市方向偷袭高阜区及资溪县城，另金溪国民党军约两个团袭击了珀玕。靖卫团捣毁县苏政治保卫局，放走土豪和反革命犯400余人，档案材料焚掠一空，损失巨大。在红军有力的打击下，敌很快退出县城和高阜，并胁迫6000多资溪民众向金溪撤退，由于天气酷热，加之饥饿和疾病的折磨，沿途有大量民众死亡，其余被迫流落到金溪生活无着落，处境十分悲惨。

　　欢迎白军士兵来当红军，农民起来实行土地革命。

　　欢迎白军士兵拖枪过来当红军！

宜 黄 县

  土地革命战争时期，宜黄县是中央苏区的基本区域，为全苏县。该县现有国土面积1944.2平方公里。

  1930年5月，成立县革命委员会筹委会，隶属赣西南苏维埃政府东路办事处；同年10月起，隶属江西省苏维埃政府赣东办事处。1931年4月，成立县革命委员会，11月成立县苏维埃政府，隶属江西省苏维埃政府。1933年7月下旬，博生县分设洛口县，同时成立洛口县苏维埃政府，辖宁都北境和宜黄、广昌各一部，隶属江西省苏维埃政府。1934年6月，宜黄与乐安、崇仁部分苏区合并成立乐宜崇苏维埃政府，隶属江西省苏维埃政府。

  中央红军多次在宜黄进行过战斗。域内发生的著名战斗有：黄陂大捷、东陂战役、红四军多次攻打县城战斗，云盖山、大雄关战斗，五都战斗、蛇坑嵊战斗、新丰战斗。

  毛泽东、周恩来、朱德、彭德怀、林彪、刘伯承、陈毅、罗荣桓、聂荣臻、滕代远、董振堂、肖劲光、黄公略等都在宜黄指挥过战斗。

  红军在宜黄战斗期间，留下许多宣传标语，主要分布在黄陂、东陂、新丰、中港等乡镇。域内现存红军标语近百条，清晰可辨的58条(幅)。

大龙坪红军标语

标语简介：

　　大龙坪红军标语位于宜黄县黄陂镇蛟湖村委会大龙坪自然村中和桥，中和桥清代建造，后多次维修，为单孔石廊桥，桥长 10 米，宽 5.9 米，孔跨 5.6 米。标语书写于村中中和桥北端东墙上，年代为 1933 年第五次反"围剿"前期，白底黑字，字迹清晰，范围高 1 米，宽 2.2 米，现存标语 6 条。大龙坪村有 200 余户人口，村民以余姓为主，该村曾是第四次反"围剿"黄陂战役的主战场之一，1933 年 2 月 27 日，红军主力在此村包围了由乐安方面进犯的国民党第 52 师，经过两天激战，全歼敌第 52 师，师长李明被击毙。

背景资料：

　　黄陂战役　1933 年 1 月，国民党发动向中央苏区发动第四次"围剿"。红一方面军在总司令朱德、总政治委员周恩来指挥下，佯攻南丰，诱敌深入苏区。方面军主力则秘密转移到广昌以西的东韶、洛口、南团、吴村地区隐蔽待机。2 月 26 日，敌第 52、59 师由乐安分两路东进。27 日第 52 师按第 155 旅、第 154 旅（欠 309 团），师直属队、第 309 团序列沿登仙桥、大龙坪、蛟湖、桥头之线向黄陂推进；第 59 师按第 177 旅、师直属队、第 175 旅、独立团序列，沿谷岗、西源、霍源向黄陂河口前进。敌两师之间有摩罗嶂大山相隔，联络协同较困难。第 52 师因受红军、游击队袭扰，行动缓慢，加之误以为红军主力远在南丰、黎川地区，对隐蔽其行道南侧之红军主力毫无察觉。

　　27 日下午 1 时，第 52 师前卫第 155 旅进至桥头附近，后卫越过登仙桥时，遭红 1 军团第 7 师在蛟湖拦腰切断，红 7、9 师主力向进至大龙坪的敌第 52 师师部猛攻，红 10、11 师向进至小龙坪的敌后卫部队进攻，红 21 军赶到登仙桥附近截断敌退路。经 3 小时激战，红 1 军团全歼第 52 师直属队和第 309 团，俘获师长李明。李明由于身负重伤，抬至苦嘴蚴时死去。取道大龙坪、坪口、跃龙坪向黄陂推进的第 155 旅 312 团也遭到红军的毁灭性打击。第 155 旅主力得知大龙坪和黄陂方向发生战斗后，就地转入防御。下午 6 时，红 3 军团主力赶到，将第 155 旅主力合围于桥头，于 28 日上午将其歼灭。与此同时，红 3、1 军团各一部协同作战，于 28 日 11 时全歼第 154 旅主力于蛟湖。

　　红军右翼队先头部队于 2 月 27 日 11 时进至黄陂、秀源一线，发现第 59 师正从霍源一带向黄陂前进，右翼队即以红 22 军之第 64 师向霍源方向前进。敌第 59 师先头部队占领黄陂西北一带高地。红 15 军在霍源以南占领阵地，求歼敌第 59 师于黄陂、霍源地区。27 日下午 1 时，红 15 军同敌第 59 师之前卫第 177 旅接战，激战数小时，将其击溃。敌第 59 师第 175 旅第 351 团主力和独立团，在西源及其以西地区转入防御，敌第 175 旅主力向前增援，战至黄昏，双方形成对峙。

28日8时,红军右翼队向敌第59师发动全线进攻,经激烈战斗和反复争夺,于傍晚时分相继攻占云峰山、军山,歼敌第59师大部,并在红3军团一部配合下,于霍源地区截断了敌军退路。敌第59师师长陈时骥见败局已定,率残部数百人乘夜暗向蛟湖方向逃窜,企图同第52师会合。当逃至蛟湖附近时发现第52师已被歼灭后,又向乐安方向逃窜。3月1日上午,该残部在登仙桥附近被红1军团歼灭,陈时骥被活捉。留在西源的该师后卫第351团大部和独立团在敌第11师接应下逃向河口。

黄陂战役,歼国民党军近2个师,俘师长李明、陈时骥以下官兵1万余人,缴枪约1万支。开创红军大兵团伏击战先例,在中共党史和军史上有着重要意义,为彻底粉碎第四次"围剿"奠定了基础。

大龙坪红军标语

大龙坪红军标语

大龙坪红军标语

反对白军拉伕。欢迎白军士兵拖枪来当红军。反对白军连长压迫士兵修马路做工事！粉碎敌人五次围剿。白军士兵你们要真正抗日反帝，与红军合作，白军士兵不要来打工农红军。反对国民党出卖华北的首领。欢迎白军弟兄拖枪过来当红军。打倒国民党政府！武装拥护苏联等。红军装乙宣。

塘头下肖红军标语

标语简介：

    塘头下肖红军标语位于宜黄县黄陂镇丰产村委会塘头村民小组下肖自然村付姓村民房屋的墙面上，该房屋为两层木质结构，正面长 10 米，宽 7 米。占地约 80 平方米，建造于 19 世纪末期，距今有一百多年历史。上部墙壁主网由竹条为筋，粉上黄泥，以石灰盖面。标语书写于这些石灰粉饰的多处墙面上，年代为 1933 年第五次反"围剿"前期，白底黑字，字迹清晰，现存标语 5 条，落款为：红八六直二支队青年小组。下肖自然村有 15 户 60 余人，是丰产村塘头村民小组的四个自然村的其中一个，村民以付姓为主。苏区时期宜黄独立团驻扎于此。1933 年 2 月至 3 月，中央苏区第四次反"围剿"黄陂战役时期，红军主力在此驻扎。

塘头红军标语

农民弟兄打土豪、分田地

农民打土豪，分田地，农民组织农民委员会，共产党是保护无产阶级的政党。

建立全国苏维埃政权

背景资料：

宜黄独立团　1931年6月由宜黄各区游击队及宜黄独立营骨干组建而成，全团248人，枪200余支，下辖3个连，受江西独立第四师指挥，后编入江西军区独立第四师。团长高山，政委欧阳忠。1931年11月，宜黄游击大队与宁都县东韶游击队合编成宜黄新独立团，1933年4月，编入江西军区独立第十一团，随即又由梨溪、东陂、神岗、黄陂等地新成立的游击队合编为新独立团，不久又编入江西军区独立第四师。新独立团首任团长不详，后由曾德恒担任。

东源红军标语

标语简介：

东源红军标语位于宜黄县南源乡东源村下东源组黄义明、黄义文等村民房屋的南面墙上，该房屋建于19世纪50年代，木质结构，总面积约800平方米。标语书写于屋内竹编壁上，白底黑字，字迹清晰，范围高1.46米，长2.51米，现存标语3条。为1930年底，中央苏区第一次反"围剿"时，罗炳辉率领的红12军所写。东源村下东源组有58余户人家，230余人，村民以黄姓为主。

背景资料：

罗炳辉诱敌深入　1930年末，国民党军发动第一次"围剿"。为此，红一方面军总前委在新余召开罗坊会议，确定了诱敌深入的战略方针，命令红4军、红12军向抚州前进，吸引国民党军，并在当地筹款40万元，为反围剿做好物资上的准备。1930年11月中旬，红12军军长罗炳辉率部攻占南城，组建了南城历史上第一个苏维埃政权。7天后，国民党军跟踪而至，红12军放弃南城，转向宜黄，经南源进入中央苏区的核心宁都。

东源村红军标语

东源村红军标语

庙前红军标语

标语简介：

　　庙前红军标语位于宜黄县新丰乡护竹村庙前自然村大众庙墙壁上，大众庙为清代建造，土木结构，建筑面积约80平方米。标语书写于村中大众庙正面墙壁上，白底黑字，墨汁书写，字体草书，字迹清晰，字规格30*40厘米，标语内容："实行赤色戒严"，"拥护苏联。工人组织赤色工作"。落款为：红军队伍宣。庙前村有22户，98人口，村民以黄姓为主，1933年8月，参加中央苏区第四次反"围剿"东陂战役的红军曾驻扎该村，后转移瑞金，红军标语就是当时留下的。

庙前红军标语

庙前红军标语

庙前红军标语

背景资料：

赤色戒严　指苏区地方部门为即将发生的战争所做的战争准备。一般如下措施：是在由该县军事部在全县的交通要道及中心区域，设立检查所，检查来往行人，防止敌特混入；以县为单位，选择群众基础较好的乡(村)设点储藏粮食物品，随时动员群众进行坚壁清理野；组织人员在白军经过的道路险要处进行破坏等。

潘坊红军标语

标语简介

潘坊红军标语位于宜黄县新丰乡乔坑潘坊自然村周氏宗祠内墙壁，周氏宗祠为清代建造，坐北朝南，砖木结构，建筑面积约300平方米，坐落于村中。标语书写于村中周氏宗祠内东西两边走廊墙壁上，年代为1933年第五次反"围剿"前期，白底黑字，字迹清晰，墨汁书写，现存标语4条，落款为：红军五班宣。潘坊村26户人家，108人，村民以周姓为主，1932年10月红军一个班驻扎该祠堂，命名为"红军五班"，长期开展革命活动，由该村老红军周北斗任班长。

潘坊红军标语

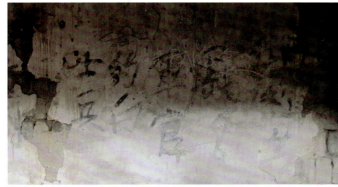

打倒打骂士兵的白军官长

帮助红军运输

当红军光荣

欢迎白军士兵来当红军

刁坊红军标语

标语简介:

刁坊红军标语位于宜黄县新丰乡侯坊村刁坊组邓氏宗祠墙壁上,邓氏宗祠为清代建造,砖、土木结构,建筑面积约 200 平方米,标语书写村中宗祠的正面墙壁上,年代为第五次反"围剿"期间,白底黑字,墨汁书写,由于时间悠久,现存许多标语脱落,辨识不清,其中有 4 条标语字迹清晰,内容为:"杀红色苏维埃哨所绝对不容","进攻蒋介石","推翻军阀民国政府","巩固并扩大苏维埃政权"等,落款为:红军第三师宣。刁坊村有 60 余户,320 人口,村民以邓姓为主。中央苏区第四次反"围剿"东陂战役期间曾在该村设立东进哨所,当时该村地方红军武装并入中央主力红军,以三角寨为制高点,进行反"围剿"战斗。

刁坊红军标语

红军中官兵伙薪饷吃穿一样,白军里将校尉起居饮食不同

背景资料:

　　红三师　1933 年 6 月,红一军团在吉安永丰进行了整编,全军团取消了军一级编制,编为三个师,下辖三个师,即第一师、第二师、第三师。其中,第三师师长周昆、政治委员伍修权。1933 年 10 月 28 日,红九军团成立,三师被划归为红九军团,师长是张经武,后由军团长罗炳辉兼;政委先是刘英(男),后由军团政委蔡树藩兼,所部有 7000 余人。1935 年,红军长征行至云南扎西时,红九军团由于损失惨重,撤销师、团建制,红三师被撤销。

炉下红军标语

标语简介：

炉下红军标语位于宜黄县新丰乡新丰村炉下组一民房墙壁上，红色墨汁直接书写在民房砖墙，辨识模糊不清，该民房建造于清代，砖木结构，建筑面积100余平方米，1933年中央苏区红军第四次反"围剿"期间，一支红军宣传队伍曾驻扎于此，在民房东外墙留下3条红军标语，落款为："红英一支青年一组宣"。

背景资料：

抚州市第一个苏维埃政权——三溪乡苏维埃政府 1929年4月，吉安东固革命根据地的红军，在宜黄县的东陂、新丰两乡的三溪、干溪、东门等地向群众宣传革命道理，并帮助建立了三溪乡苏维埃政府，隶属于宁都县吴村区苏维埃政府。这是抚州境内出现的第一个苏维埃政权。

炉下红军标语

炉下红军标语

白军弟兄下级官长来当红军。白军弟兄自己举出官长成立红军。
白军士兵都是工农出身不要打工农红军。

李坊红军标语

标语简介：

　　李坊红军标语位于宜黄县新丰乡李坊村李坊组一栋民房墙壁上，白底黑字，字迹清晰，墨汁书写。该民房建造于清代晚期，土木结构，建筑面积90平方米，1933年中央苏区红军第四次反"围剿"期间，一支红军宣传队伍曾驻扎于此，现该外墙留下一幅宣传标语，内容有："白军士兵要向官长算清欠饷""白军士兵拖枪到红军中来""优待白军俘虏兵""白军是国民党的爪牙，红军是工农的军队"等，落款为："红英一支青年一组宣"。

李坊红军标语

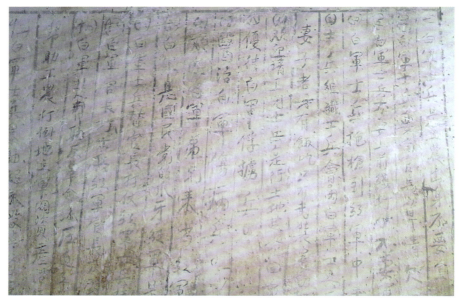

李坊红军标语

李坊红军标语

河溪红军标语

标语简介:

河溪红军标语位于宜黄县东陂镇河溪村下堡组 5 号莲家排,户主姓陈。建筑建于民国初年,砖木结构,悬山顶,面阔 23 米,进深 12.5 米,七开间。标语书写于建筑外墙的竹夹泥板壁上,白底黑字,现保存完整的 24 条(幅),落款有红产工/1 和红军宜黄独立团等。主要内容有:

河溪村红军标语建筑

贫苦工农赶快起来欢迎红军慰劳红军帮助红军！执行优待红军条例！百战百胜的红军万岁。
贫苦工农自动起来当红军！勇敢坚决的工农当红军去！扩大铁的红军一百万。

白军士兵要使家里妻子老母有饭吃只有暴动起来实行土地革命。
白军士兵不要上前线打仗不要替口军当炮灰。士兵不打士兵。
国民党说他抗日反帝为什么不口士兵北上抗日。

白军士兵要救国必须打倒卖国的国民党！只有苏维埃才能救中国！只有工农红军才是抗日反帝的武装力量！

反对白军官长压迫士兵、奴役士兵修马路！打倒压迫士兵的白军官长！欢迎白军士兵来当红军！反对国民党抽丁拉伕！

白军士兵不要上前线打仗不要替军阀当炮灰！白军士兵组织士兵会向官长算清欠饷！打倒克扣士兵军饷的白军官长

国民党是屠杀工农的刽子手。

白军弟兄你在山东何(河)南为什么来江西。

　　红军是唯一反帝的武装力量！白军士兵要抗日反帝就要到红军来！白军士兵你们要想抗日反帝但帝国主义的走狗国民党不准你们！

　　欢迎白军士兵拖枪过来当红军。白军打仗官长升官士兵送命！白军士兵是工农出身的不要替军阀杀工农！

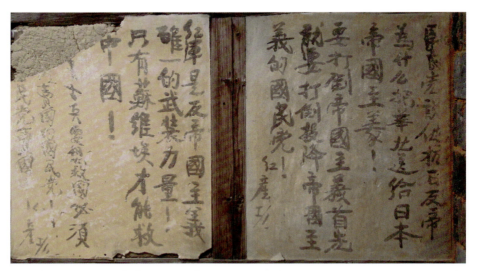

　　红军是反帝国主义唯一的武装力量！只有苏维埃才能救中国！白军士兵要想救国必须打倒卖国的国民党！口口国民党卖国。

　　国民党说他抗日反帝，为什么把华北送给日本帝国主义！要打倒帝国主义首先就要打倒投降帝国主义的国民党！

黄柏岭红军标语

标语简介：

　　黄柏岭红军标语位于宜黄县东陂镇黄柏岭村，该村地处宜黄与宁都交界的山区，土地革命时期，共产党很早就在此建立了红色政权，归宜黄县革命委员会(1931年11月成立宜黄县苏维埃政权)管辖。宜黄独立团一部在该村驻守。1933年2月，中央红军第四次反"围剿"战役中的东陂战斗就是在该村村南的草台岗进行的，战斗胜利后红一方面军总部在黄柏岭村驻扎修整，并召开了战后总结会议。该村原保留了多条红军标语，后因房屋维修或倒塌而损毁。

黄柏岭村红一方面军总部会议旧址

背景资料:

东陂(草台岗)战役　黄陂大捷后,红军主力迅即回到宁都县东韶一带休整。3月中旬,敌中路军总指挥陈诚采取中间突破的方针,由黄陂、东陂向广昌县进攻。3月15日,红三军团由东韶驻地向金鸡石、长罗、金竹、跃龙坪、蛟湖开进,红一军团由南团向水口、大龙坪前进。

3月20日,敌后纵队之第11师进至草鞋岗、徐庄(黄柏岭)一线。红一方面军总部随即决定,采取各个击破策略。当晚,红一军团从三溪走大名、徐坊、杞洲,由西向东顺朝峰嶂插向敌人的后侧面,截断其东陂与草鞋岗的联系。红五军团由宁都走炉鉴,桥坑沿落马山、霹雳山进攻侯坊、徐庄、雷公嵊之敌。红三军团居中,由界上、雷母山进冲草鞋岗之敌。

21日拂晓,红军向敌第11师发动全线攻击。至13日,红三军团和红一军团攻击部队从南北两个方向协力攻击敌人,经激烈战斗,攻占了黄柏山、徐庄、徐家段,歼敌第11师师部及1个团,黄柏山守敌两个团又在突围中被歼。17时,敌第11师阵地全部被红军突破。红军右翼五军团,红12军攻占龙嘴寨,歼敌约两个团。

在雷公嵊南端大排附近遭红2、3师和红12、22军等部的猛烈阻击,不能前进。经一天激战,红军歼灭敌第11师全部、第9师1个营,打伤敌第11师师长肖乾和旅长2人、团长1人,打死敌团长2人,俘虏敌官兵6000余人,缴获步枪5000余支,机枪和自动步枪100余挺(支)。

棠阴红军标语

标语简介：

棠阴红军标语位于宜黄县棠阴镇，棠阴镇是江西省历史上四大名镇之一，至今已有 970 多年的历史。始建于北宋天圣九年（公元 1031 年），名陂坪，后改称棠阴。棠阴居民以吴、罗、符三姓为主，罗氏为袍公后裔。棠阴夏布曾名扬海内外，与万载夏布合誉。2003 年被公布为省级历史文化名村。

1933 年 6 月，第五次反"围剿"前夕，中央红军一军团在棠阴驻扎，现已发现 4 处保留的红军标语，分别存于雷湾村吴家祠、民主村的三让遗风民宅、吴家大院、桂花树下民宅，现存标语共计 6 条。

扩大一百万铁的红军！

棠阴镇民主村桂花树下民宅红军标语

红军是工人农民自己的武装！

棠阴镇民主村三让遗风民宅红军标语

棠阴吴家大院

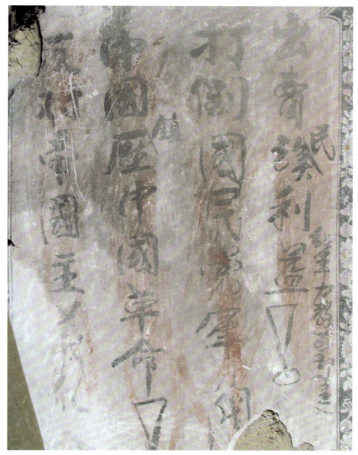

反对帝国主义瓜分中国,镇压中国革命! 打倒国民党军阀出卖民族利益!

红军力教支部

棠阴镇民主村吴家大院红军标语

背景资料:

扩大一百万铁的红军 红一方面军取得第四次反"围剿"胜利后,兵员大扩充,大批苏区青壮年为胜利所鼓舞而参加红军,而且在战争中俘获的1万多名国民党军俘虏也投入红军,战争缴获也使红军武器装备大为改善。为此,1933年6月6日,中共苏区中央局做出《关于扩大红军的决议》,强调必须执行中央局2月8日紧急决议中提出的"创造一百万铁的红军,来同帝国主义国民党军队作战"和"动员所有模范营模范赤少队整营整团加入红军"的号召,提出要通过"彻底解决土地问题""彻底实行优待红军条例""加紧政治动员""采用突击方式以扩大红军""有计划的领导和动员赤少模范队整个组织加入红军"等措施,完成"创造一百万铁的红军"的任务。

红一军团

红一军团是第二次国内革命战争时期中国工农红军主力部队之一。1930年6月19日，根据中共中央指示，红四军与江西南部、福建西部的地方武装在长汀整编成为中国工农红军第一路军，不久改称红一军团。军团总指挥朱德、政治委员毛泽东、参谋长朱云卿、政治部主任杨岳彬。红一军团下辖三个军(红四军、红三军、红十二军)，全军1万余人。同年8月23日，红一军团同红三军团合编为红一方面军。1932年3月12日，根据中央指示，红一军团调整为红四军和红十五军两个军，林彪任军团长、聂荣臻任政治委员、陈奇涵任参谋长、罗荣桓任政治部主任。不久，红三军又重新划入，另外新建的红二十一军和红二十二军也加入到红一军团序列中。1933年1月，红十二军和红二十一军改为方面军直辖。1933年6月，红一军团遵指示进行了整编，全军团取消了军一级的编制，编为三个师，军团长林彪、政治委员聂荣臻、参谋长徐彦刚(12月后为左权)、政治部主任李卓然(1934年秋后为朱瑞)、保卫局局长罗瑞卿、供给部长赵尔陆。1934年1月，中共中央决定撤销红一方面军，直接指挥各军团。10月10日，各部队开始长征，重新恢复红一方面军编制。此时，红一军团编制和各级主官为：军团长林彪、政治委员聂荣臻、参谋长左权、政治部主任朱瑞。1935年遵义会议后，红一军团缩编为两个师，共六个团。与红四方面军会师后，7月21日，红一军团番号取消，改称第一军，随右路军行动。9月14日，因毛泽东等人与张国焘等人产生分裂，一军和由红三军团改编的三军被迫单独北上。10月19日，抵达陕西吴起，与刘志丹率领的陕北游击队会师。11月3日，恢复了番号的红一军团和红三军团合编为新的红一军团。1937年8月22日，红一军团改编为八路军115师343旅，旅长陈光、副旅长周建屏、参谋长陈士榘，下辖685团(杨得志任团长)和686团(李天佑任团长)，投入中国抗日战争。

中港三村红军标语

标语简介：

中港三村红军标语位于宜黄县中港镇三村村委会一幢民房内，江西传统俗称"开门厅"的建筑，坐北向南，面积400余平方米，建于清末，标语用毛笔书写于厢房内的竹夹泥板壁上，白底黑字，现保存有6幅完整的标语，同时还保存了1幅北伐时期国民党戴季陶作的国旗歌曲谱。

背景资料：

武装拥护苏联　这一口号的提出源于中东路事件。1929年张学良领导的东北政府为收回苏联在中国东北铁路的特权而发生的中苏军事冲突。受共产国际的影响，中共中央不切实际地提出"武装拥护苏联"的口号，并在苏区内部成立反帝拥苏大同盟组织。

中港三村红军标语

打倒进攻平津的日本帝国主义！援助东北义勇军真正是抗日的先锋！援助白区反帝运动！红军反帝拥苏大同盟(护)(宣)

拥护苏维埃政府对日宣战！武装拥护苏联！红军反帝拥苏大同盟(拥)(宣)

反对国民党解散抗日的义勇军！苏维埃政府是抗日反帝的领导者！工农红军是唯一反帝的武装！

打倒卖国殃民的国民党！反对国民党屠杀被红军放回的停虏兵！消灭阻碍红军去打帝国主义的国民党！红军反帝拥苏大同盟(拥)(宣)

反对国民党强迫农民组织□队！拥护红军打帝国主义！欢迎想去抗日的白军来红军打帝国主义！红军拥宣

配合红军消灭国民党一起打帝国主义！用民族革命战争废除国民党的卖国条约！欢迎被抽□□的白军士兵到红军中来实行□□□□！红军反帝拥苏大同盟(拥)(宣)

广　昌　县

　　土地革命战争时期,广昌县是中央苏区的基本区域,为全苏县。该县现有国土面积 1612 平方公里。

　　1931 年 1 月,成立县革命委员会,隶属江西省苏维埃政府东路办事处;同年 3 月,成立县苏维埃政府,隶属江西省苏维埃政府东路办事处。1932 年 2 月,与南丰县苏合并成立南广县苏维埃政府。1933 年 4 月,广昌县苏维埃政府恢复,隶属江西省苏维埃政府。1934 年 6 月,与赤水县苏维埃政府合并为广赤县苏维埃政府。

　　红一方面军红一、红三、红五、红八、红九军团,红四军,红军第十、第十一、第十二师,江西红军独立二团等都在广昌进行过惨烈的战斗。域内发生的重大党史事件和著名战斗有:毛泽东创作《减字木兰花·广昌路上》、广昌战斗(第二次反"围剿"第四次胜利)、广昌保卫战、大寨脑战斗、高虎脑战斗、万年亭战斗、驿前战斗、尖峰阻击战、中革军委会议在头陂召开。

　　毛泽东、周恩来、朱德、彭德怀、林彪、罗荣桓、罗瑞卿、杨尚昆、罗炳辉、袁国平、黄公略等都在广昌指挥过战斗。

　　广昌是全红县,红军在占领广昌和战斗期间,留下许多宣传标语,全县各乡镇均有发现。域内现存红军标语 200 余条,清晰可辨的有 82 条。

赤岭宋家红军标语

标语简介：

　　赤岭宋家红军标语位于广昌县驿前镇赤岭宋家村万寿宫，万寿宫为清代建筑，坐东朝西，砖木结构，面阔 11.7 米，进深 13.7 米，占地面积 160.29 平方米，有上下两厅，中有天井，上厅神龛供有木雕神像七尊，中间上方悬有"西江一人"木匾，左右两侧的扇形木匾刻有"有求""必应"，落款时间为道光丙午年（1846 年），两侧匾下神龛内的背景墙上有壁画三幅，下厅天井处的梁上挂有"道骨仙风"木匾，落款为道光二十九年（1849 年）。标语用石灰水书写在二楼的木板壁上，现存标语有"白军弟兄，没田耕才当兵，要田耕当红军！红军宣""白军兄弟：双方代表来共同商议抗日""不愿当亡国奴的白军官长弟兄们，赶快到北方打日本"等七条，1934 年，中央红军第三军团奉命在大寨脑、高虎脑一带设防阻击国民党军的南进，万寿宫与大寨脑、高虎脑相邻数公里，标语应为参战红军所写。

白军弟兄，没田耕才当兵，要田耕当红军！红军宣
打倒虐待伤兵的官长。反对部队打屁股扣伙食。
□□在新桥烧死几百士兵，打倒狼心狗肺的狗官长。

驿前秘书袭庆民居红军标语

标语简介：

秘书袭庆民居位于广昌县驿前镇横街109号。建筑坐西朝东,砖木结构,占地面积594平方米,有上、中、下三厅,其间有天井二处,有半只祠堂之称。大门上方有"秘书袭庆"石匾一方,为清雍正五年(1727年)时任广昌县令周长发(浙江绍兴人)所书。该建筑工艺精美,并有确切纪年。红军标语用毛笔书写于秘书袭庆民居大门两侧清水砖墙上,内容是"白军弟兄是工农出身,不要替军阀杀工农""欢迎白军士兵下级官长来当红军",类似标语共七条,落款均为"红四军十一师",还有一条标语"活捉何应钦"落款为"红四军十二师军需处士兵会"。从内容分析,这些标语应书写于1931年3月底4月初,时值第二次反"围剿"期间。

1934年8月高虎脑战斗结束后,红军退守驿前一带并在此宿营。当年红军住宿地主要是明、清时所建民居,主体建筑有"赖巽宗祠""大夫第""布政祖庙"等十栋。现有坑埔、马房等红军住宿生活设施,其中的"大夫第"是当年红一军团指挥部旧址。许多建筑上仍留存有红军当年题写的标语。其中包括:秘书袭庆民居红军标语、云衢公厅堂红军标语、石屋里民宅红军标语、迎薰民居红军标语等。

驿前秘书袭庆民居

活捉何应钦

背景资料：

第二次反"围剿" 蒋介石在第一次"围剿"失败后，1931年2月，派军政部长何应钦代行总司令职权兼陆海空军总司令南昌行营主任，调集十八个师另三个旅，二十万人的兵力，"以厚集兵力，严密包围及取缓进为要旨"，采取稳扎稳打、步步为营的作战方针，部署对红一方面军的第二次"围剿"。4月1日，敌人分四路开始向中央根据地大举进攻，而红军主力采取由西向东横扫，先打弱敌，各个击破的作战方针，5月16日开始至31日，红一方面军从吉安东固到广昌再到福建建宁，横扫七百余里，连打五个胜仗，歼敌三万余人，缴枪二万余支，痛快淋漓地打破了敌人的第二次"围剿"。红军粉碎敌人"围剿"后，乘胜转入进攻，分兵发动群众，打土豪分田地，筹粮筹款，解放了赣东、闽西的黎川、南丰、建宁、泰宁、宁化、长汀等广大地区，进一步巩固和扩大了中央根据地。

驿前秘书袭庆民居红军标语

驿前云衢公厅堂红军标语

标语简介：

云衢公厅堂位于广昌县驿前镇横街，清代建筑，砖木结构，坐西向东。主体面宽16.2米，进深24.9米，占地403.28平方米，庭院面宽16.2米，进深6.45米，占地104平方米。主体建筑有上下两厅，中有天井，上厅有木质神龛，刻有"祖德宗功"四字，主体大门门框周边有砖雕仰莲装饰，门簪正面石刻麒麟送子等故事图案，厅堂窗花用梅和如意图构成。标语书写于庭院的照墙上，照墙上部为红军标语，内容是"欢迎白军士兵拖枪来当红军"，照墙下部为1934年8月底红军撤离驿前后，在这里设立指挥部的国民党留下的标语，内容是"天下为公，忠孝仁爱信义和平"。

背景资料：

驿前战斗 1934年8月底，国民党军陈诚部主力向广昌南部的驿前推进。红一方面军第三军团全部和第一军团15师、第五军团13师在彭德怀、杨尚昆率领下于驿前镇进行阻击，阻击战共持续了2天，红军在对敌进行了重大杀伤后，因寡不敌众，被迫向南撤离。

欢迎白军士兵拖枪来当红军

驿前石屋里民宅红军标语

标语简介：

　　石屋里民宅位于广昌县驿前镇大港下 19 号，国家级文物保护单位，建于康熙五十五年（1716 年）。建筑主体大门坐西向东，砖石木结构，有前后两幢相连相通，整体平面呈不规则形，占地面积 810 平方米，有上中下三厅，天井三处，过路厅二处，庭院一处，上厅有藻井，前厅有照壁，前幢、后幢大门两侧均有石雕影壁。该民居石门框上保留了一条红军标语，内容为：拥护共产党的领导，打倒屠杀民众的帝国主义。

驿前石屋里民宅

拥护共产党的领导，打倒屠杀民众的帝国主义。

驿前迎薰民居红军标语

标语简介:

迎薰民居位于广昌县驿前镇下街 80 号,民国初年建筑,主体建筑坐东北向西南,占地面积 379.4 平方米。有上下两厅,中有天井,上厅有神龛。主体前有庭院,庭院大门有一过路厅,厅上有藻井,庭院大门为牌楼砖砌建筑,门楣墨书"迎薰"二字。主体大门之上和大门两侧檐口,均有墨画花草纹,十二幅人物故事图案相间其中,上下两厅两侧墙上也用墨线绘有穿斗式结构图案。屋脊以龙头凤尾装饰。现存标语用石灰水书写于迎薰民居后墙上二楼窗台下,和用毛笔书写于屋内石灰粉刷的墙壁上,笔迹依希可辩。从内容分析,标语书写时间为 1933 年下半年,书写人为博生县独立团一连的战士。

背景资料:

博生县独立团 博生县独立团前身为宁都县独立团,成立于 1932 年 2 月,由宁都县部分区乡地方武装升编而成,全团 470 余人,枪 402 支,团长戴胜福,政委周祯、刘年志。1933 年 2 月,宁都县为纪念赵博生烈士改名博生县,宁都县独立团改称博生县独立团。该团先后受红军赣东独立师(红军独立第四师)和红军新编独立第四师指挥。1934 年 10 月,机构解体。

红军中官兵伕薪饷穿吃一样,白军里将校尉起居饮食不同。

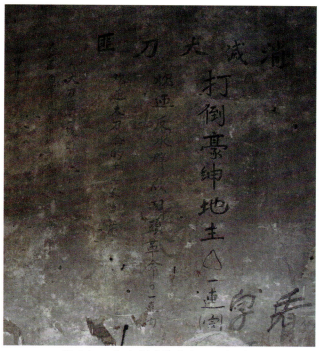

消灭大刀匪,打倒豪绅地主。一连(宣)

欢迎各地的大刀会和保卫团你们马上回家自首同群众来革命分田。
口女有亲今不回家是都毛田分。你们当大刀会是毛有出路,同我们当红
军是有群众帮助买粮食。博生县独立团第一连(宣)

高虎脑红军标语

标语简介：

　　高虎脑战役红三军团指挥部旧址位于广昌县驿前镇贯桥村曾家排邱氏民居，旧时曾做为商行，称公大行。建筑建于民国初年，坐西向东，夯土建筑，平面呈凹字形，面阔21.6米，进深12.7米，占地面积274平方米，有上下两层。1934年7、8月间，红三军团奉命在广昌大寨脑、高虎脑一带激战，阻击国民党军6个主力师南进瑞金的进程，红三军团军团长彭德怀和政委杨尚昆在此设立指挥部，部署兵力，最终以红军阻击战的胜利赢得了战略大转移宝贵的准备时间，为主力红军、中央机关顺利踏上长征路作了重要贡献。建筑内现存红军战士在二楼石灰粉刷的墙壁和木板壁上用毛笔书写了18条标语，建筑外墙上，现存三军团政治部书写了反帝统一战线五大纲领，时间为1934年6月。

背景资料：

　　高虎脑战役　　高虎脑位于广昌县南部25公里至45公里之间，是中央苏区第五次反"围剿"主战场之一，范围包括赤水镇以南驿前镇以北100多平方公里。1934年7月至8月，彭德怀、杨尚昆指挥的中国工农红军与国民党军队进行了三场大规模激烈战斗，即大寨脑战斗、高虎脑战斗、万年亭战斗，因三次战斗均在高虎脑境内，合称"高虎脑战役"，共歼敌5000余人，为红军主力和中央机关的战略转移赢得了时间，是红军长征前的最后一场激战，是红军在第五次反"围剿"中唯一取得全面胜利的战役。至今这一带仍保留有许多红军所挖堑壕、掩体工事遗迹及弹坑、红军标语。

广昌高虎脑红军标语替换

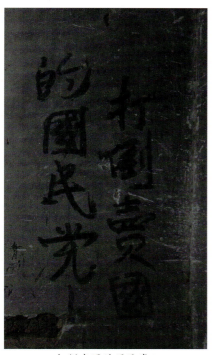

打倒卖国的国民党！

白军士兵打倒不准你们北上抗日的国民党

与红军联合北上抗日！

工农红军是抗日的先遣队！

白军兄弟与红军联合起来北上抗日去！

白军弟兄组织抗日会自己请战北上抗日！

高虎脑红军标语

请看国民党出场东北的六大条件！

(1)国民党承认满洲和满洲国通火车通邮政并准他在华北增设关卡征收苛捐杂税。

(2)把黄河以北的土地划为满洲国领土。

(3)将化北的军队完全调到南方来打红军。

(4)取消化北及全国所有反帝抗日的革命组织和活动。

(5)承认日本在中国特别权利和经济各种实业。

(6)日本借大批金钱及军火给国民党来打红军并成立共同的围剿苏联秘密协约。

红军××政(宣)

彭德怀卧室及办公场所墙壁上的红军标语

高虎脑红军标语

中国共产党提出的反帝统一战线的五大纲领

一、坚决反对国民党整个的投降出卖政策，反对国民党出卖东北华北与全中国的塘沽协定和中日交涉，抛弃对国联、美国的任何幻想，只有工人农民和一切劳动者的团结与统一才是中国民族对帝国主义的抵抗力量与胜利的保证，

二、全中国的民众必须起来为保卫中国领土独立而作神圣的民族革命战争！

三、号召民众直接参加反日战争和游击战争。用所有军器库及入口武装来武装民众，组织民众的反日义勇军。积极援助东北抗日义勇军，以及广大群众抵制日货的行动。

四、没收日本帝国主义者及卖国贼汉奸的财产，停止支付一切债款本息设施累进税，作为抗日的费用。

五、中国必须立刻完全对日绝交，动员整个海陆空军对日作战，立即停止进攻苏区及军阀战争。

中国工农红军际政治部（宣）三

一九三四年六月

新屋里红军标语

标语简介：

新屋里红军医院旧址位于广昌县驿前镇庄下村里村1号新屋里民居，该民居建于清末，背西北向东南，面宽17.2米，进深19米，面积约320平方米。1934年8月，高虎脑阻击战时，红三军团在这里设立了临时的战地医院，院长为何复生。现存标语是当时的参战红军部队用毛笔书写于建筑大门门楣及门侧，共有5条（幅）。建筑内原也有多条标语，但在20世纪六七十年代被"文革"标语覆盖。

背景资料：

何复生 1902年生，江苏镇江人。1926年加入中国共产党，1928年春，进入大冶县英国人办的普爱医院工作，继续宣传革命。1930年6月，彭德怀率红三军团攻占大冶县城后，何复生等5人进入红三军团，受命组织红三军团总医院。后总医院改为红三军团卫生部，先后担任总医院院长、卫生部部长。何复生积极组办看护训练班、医务训练班，亲自讲课，指导实习，培养了百余名军医，数百名看护和卫生员。红军发动每次战役，他安排好全面救护工作后，总是深入前沿阵地观察并指挥救护工作，不分昼夜地亲自为伤员动手术。为克服药品器材的困难，他一方面教育医护人员爱护器材，节省药物；另一方面积极搜集民间药方，采集中草药，从而挽救了许多干部战士的生命。1933年8月1日获中央军委颁发的三等红星奖章。1934年8月，在中央苏区反国民党第五次围剿的高虎脑、万年亭的战斗中，何复生带病亲临前线军团指挥所，遭敌机轰炸，不幸牺牲。

新屋里红军标语

打倒卖国贼蒋介石！红军我机连(宣)

只有苏维埃才能救中国，武装保卫苏联！
红军我机连(宣)

拥护中国共产党万岁

士兵不打士兵，穷人不打穷人，只打白军官长！
不愿当亡国奴的白军官长弟兄们，赶快到北方
打日本去！红军我战机连(宣)

白军士兵兄弟们，帮助红军送信带路。
打倒国民党。

苦竹包家厅堂红军标语

标语简介：

苦竹包家厅堂红军标语位于广昌县旴江镇古竹村包家 16 号包家厅堂后墙上，标语用石灰水书写，从红军标语的落款来看，该标语是 1931 年 5 月 26 日随同毛泽东同志率领的红一方面军主力到苦竹的红八军第四师二团战士书写的。

苦竹是广昌的革命摇篮，毛泽东同志五次到广昌，就有两次从苦竹进入广昌县境。1931 年 5 月 26 日，毛泽东、朱德同志率领红一方面军从宁都严坊来到苦竹。当晚，在包家祠（现苦竹小学位置）召开了红一方面军总前委第二次反"围剿"期间的第二次会议。出席会议的有毛泽东、朱德、彭德怀、黄公略、林彪、蔡会文、罗荣桓、罗炳辉、郭化若等，会议决定攻打退守在广昌城的国民党军三个师，攻克广昌县城。

背景资料：

红八军　1930 年 5 月，李立三在上海召开全国红军代表会议，决定将全国红军整编为 4 个军团，其中湘鄂赣彭德怀部扩编为红三军团，下辖红五、红八两个军，其中红五军约七千多人，红八军约八千多人。红八军由原红五军五纵队升格而成，首任军长为李灿，政委何长工。但不久李灿因病离职，由何长工担任军长，邓乾元任政委，政治部主任柯庆施，参谋长卢匿才。下辖三个纵队，一纵队长程子华，政委郭一清，副政委彭雪枫，由于程子华此前在攻打江西瑞昌时身负重伤，尚未就职就到上海治伤，改由李锷任纵队长，不久李锷又负伤，由陈毅安接任。二纵队长谢振亚，政委石恒中。三纵队长何时达，政委徐策。1930 年 8 月，红八军三个纵队合为第 4、6 两个师。1931 年 4 月中央苏区第二次反围剿时，红八军各师改由红三军团直辖，红八军军部被取消，只保留名义。1931 年 9 月第三次反围剿时，红八军番号被正式取消，六师改为二师，四师三个团分别编入一、二、三师，统归红五军，红五军军长邓萍、政委贺昌。原八军军长何长工调任红军学校校长，袁国平调任总政治部副主任，柯庆施调任中央秘书长。

吴文孙是屠杀工农的刽子手。反对军阀压迫革命。红八四二。

鹅龙风雨亭红军标语

标语简介：

　　鹅龙风雨亭红军标语位于广昌县甘竹镇鹅龙村风雨亭村小组刘家厅堂大门口右上方墙上。标语是墨书在建筑水墨画框内，内容为"欢迎白军士兵下级官长来当红军"，落款为"红军第八军第四师三团三连士兵宣"。根据落款及红八军成军史分析，该标语是 1931 年 5 月下旬第二次反"围剿"期间，红军主力攻打广昌县城时由红八军第四师士兵所留。

鹅龙风雨亭红军标语　红军第八军第四师三团三连士兵宣

罗家堡红军标语

标语简介：

罗家堡红军标语位于广昌县甘竹镇罗家村罗家堡，村中有 5 幢建筑含有红军标语，但因年代久远，以及后人涂盖，大多辨识不清。如位于世科第民居中的标语系清同年间广东清远知县罗玉珊（广昌县人）私宅，建筑座西北向东南，有上下两厅，砖木结构，建筑平面呈不规则形，占地面积 600 平方米，凹形八字大门，门楣有一石匾，刻"世科第"三字，附属建筑木雕精美，耳门重花门罩，装饰精美。红军标语书写于外墙清水砖上及民居正厅两侧石灰粉刷的墙壁上。

背景资料：

广昌战役　广昌战役是中央红军在第五次反"围剿"作战中进行的一次防御战役。1934年 4 月上旬，蒋介石集结 11 个师兵力，兵分两路向中央苏区重镇门户广昌进攻。广昌保卫战，中央红军采取处处设防、节节抵御的战法，同优势的国民党军在固定的阵地上拼消耗，从4 月 10 日打响至 28 日凌晨广昌失守，在历时 18 天的作战中，中央红军共毙伤俘敌共 2626人，但是自身却伤亡了 5093 人，约占参战总人数的五分之一。其中红三军团伤亡 2705 人，约占全军团总人数的四分之一。这是红军历史上最典型的阵地战、消耗战。

罗家堡红军标语

贫苦工农团结起来配合红军作战

苏维埃新中国万岁

努力耕种红军公田。红军(勇)

官淇新屋下红军标语

标语简介：

官淇新屋下红军标语位于广昌县水南圩乡官淇村官淇 2 号民居厅堂墙上，有上下两厅和天井，红军标语墨书在天井两侧的石灰墙上，现存标语 5 幅。根据标语落款推断这些标语是 1931 年红三军团红五军 308 特务连在此驻扎时所留。

背景资料：

红五军　红五军是中国工农红军红三军团主力部队之一。1928 年 7 月 22 日，彭德怀领导湘军独立第五师第一团等部于湖南省平江起义。起义后的第三天，部队即奉命改编为中国工农红军第五军第十三师，彭德怀为红五军军长兼十三师师长，滕代远任军党代表兼师党代表，邓萍任军参谋长。1928 年 10 月，红五军与平江、浏阳一带游击队合编为 3 个纵队。12 月，彭德怀、滕代远率领红五军第一、三纵队到井冈山与红四军会合，改为红四军第五纵队。1929 年 9 月初，红四军第五、六纵队与湘鄂赣边红军支队会合，重新组成第五军，军长彭德怀，政治委员滕代远，副军长黄公略，参谋长邓萍，政治部主任吴溉之。下辖 5 个纵队。1930 年 6 月，红五军在湖北省大冶县刘仁八镇编入红三军团，军长邓萍，政治委员张纯清。6 月，以第五纵队为基础扩编为红八军。1930 年 8 月，红一军团与红三军团在湖南浏阳永和市会师合编成红一方面军，红五军下辖四个纵队改编为第 1、3 师。1931 年 9 月，红八军撤编，所属部队并入红五军，此时红五军下辖第 1、2、3 师。1933 年 6 月，中央红军在乐安湖坪进行整编，取消了军一级的编制，红五军番号随之取消，部队编成红三军团第 4 师，师长洪超，政委彭雪枫。

官淇新屋下红军标语

官淇新屋下红军标语

　　被压迫反水的群众赶快回头来革命，不要帮土豪做走狗。欢迎白军弟兄打土豪分田地，消灭军阀混战。红军ⅢⅤ308特务连。

　　同志赶快起来打土豪分田地，没收土豪的谷子分给贫民。红军是无产阶级军队。武装保护苏联，扩大工农武装。农民要组织农民协会。消灭军阀混战。欢迎白军士兵下级官长过来当红军。红军ⅢⅤ308特务连士兵宣传组织贫农团。欢迎白军士兵过来当红军。

官淇新屋下红军标语

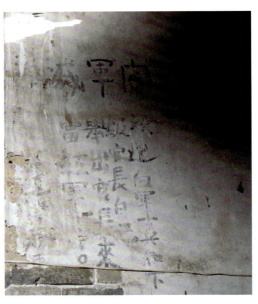

消灭军阀混战。欢迎白军士兵和下级官长
自己举出官长来当红军。

欢迎靖卫团士兵来打土豪分田地。红军是工农群众自己的军队，白军是土豪劣绅军阀。建立苏维埃的政府，推翻国民党政府。消灭军阀混战，扩大工农武装。武装保护苏联，收缴反动武装。红军IIIV308特务连

乐 安 县

　　土地革命战争时期，乐安县是中央苏区的基本区域，为全苏县。该县现有国土面积2412.59平方公里。

　　1930年6月，成立县苏维埃政府，隶属赣西南苏维埃政府；同年10月起，先后隶属江西省苏维埃政府赣东办事处、东路办事处。1931年11月，直属江西省苏维埃政府。1934年6月，与宜黄、崇仁两县部分苏区合并成立乐宜崇县苏维埃政府，仍隶属江西省苏维埃政府。

　　红一方面军红一、红三、红五军团，红四军、红十二军、红军独立二团都在乐安战斗过。域内发生的重大党史事件和著名战斗有：招携保卫战、乐安事变、乐宜战役、邓小平在南村任区委巡视员、大湖坪整编、组建东方军、成立江西省军区第二军分区、除夕保卫战、十次攻打乐安县城战斗等。

　　毛泽东、周恩来、朱德、彭德怀、邓小平、滕代远等许多老一辈革命家都在乐安指挥过战斗。红军在乐安战斗期间，留下许多宣传标语，主要分布在金竹、招携、增田、湖坪、牛田、万崇、罗陂、鳌溪等13个乡镇，现存红军标语共162处（建筑物）、1876条标语。

罗山红军标语

标语简介：

罗山红军标语位于乐安县鳌溪镇罗山村。分布于村中第 5 村小组大夫第民居、艾保祥民居、曾文茂民居和第 2 村小组曾玉清民居 4 处建筑中。根据内容分析，标语形成时间为 1933 年 3 月。

背景资料：

第一纵队 1932 年冬，国民党对中央苏区进行第四次"围剿"，以第 18 军军长陈诚指挥的蒋介石嫡系部队 12 个师为中路军，担任主攻任务。陈诚把中路军分为三个纵队，其中，第一纵队纵队长为罗卓英，下辖第 11 师（师长肖乾）、第 52 师（师长李明）、第 59 师（师长陈时骥）。1933 年 2 月底，中央红军在黄陂战役中消灭了 52 师和 59 师，李明被俘后伤重不治而死，陈时骥被俘。1933 年 3 月 21 日，红军在东陂战役中消灭了 11 师，师长肖乾负伤逃回。

黄陂胜利消灭白军五十二五十九师！黄陂胜利活捉了五十九师师长陈时冀！黄陂胜利打死了五十二师师长李明！黄陂胜利消灭了第一纵队！中国工农红军（世七）宣

东陂胜利消灭了蒋介石主力白军十一师！东陂胜利打死了白军十一师师长（肖乾）！东黄陂胜利缴械白军二万……

靖卫团是帮助豪绅地主剥削工人民众的血汗！

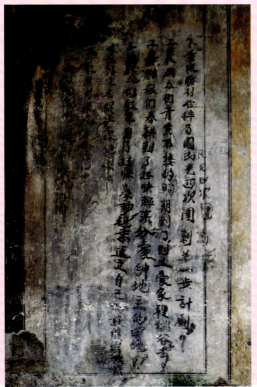

黄陂胜利粉碎了国民党四次围剿第一步计划！工农群众们青黄不接的时期到了,到土豪家里挑粮食去！工农群众们春耕到了,赶快来分豪绅地主的田地！工农群众们红军到了赶快暴动起来建立自己的苏维埃政府！

农民打土豪分田地

工人增加工钱　穷人不打穷人

罗山大夫第民居红军标语

艾保祥民居

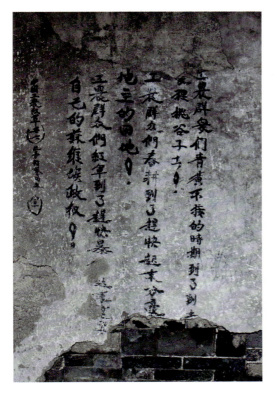

　　工农群众们青黄不接的时候到了到土□家里挑谷子去！工农群众作春耕到了赶快起来分豪□地主的田地！工农群众们红军到了赶快暴动起来建立自己的苏维埃政权！中国工农红军(廿七)反帝拥苏同盟(宣)

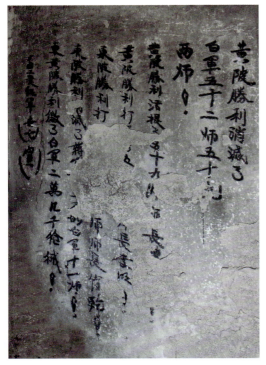

　　黄陂胜利消灭了白军五十二师五十九两师！黄陂胜利活捉了五十九师师长陈时冀！黄陂胜利打死五十二师师长李明！东陂胜利打白军十一师师长肖乾！东陂胜利消灭了蒋介石主力的白军十一师！东陂胜利缴了白军二万几千枪械。中国工农红军(廿七)(宣)

消灭压迫工农的靖卫团！反对国民党军阀放纵白军拉伕！反对国民党摊派伕费！反对国民党限制群众买盐！国民党的保甲制度是……！摧毁国民狗党的保甲制度！带红军来捉豪绅地主！带红军去捉反革命份子！不交租不还债！帮红军带路送信！中国工农红军(廿七)反帝拥苏同盟(宣)

消灭豪绅地主反革命份子！蒋介石的死日到了！实行抗租抗债抗杂税抗粮！打倒抽收苛捐杂税的国民党！消灭地主武装建立工农兵苏维埃政权！欢迎白军士兵拖枪过来当红军！靖卫团是豪绅地主的首(守)门狗！中国工农红军(廿七)(宣)

曾文茂民居

粉碎敌人四次围剿。反对帝国主义进攻苏联。红军/(布)宣。争取江西首先胜利。

实行土地革命

白军士兵要使家里妻子都有饭吃只有拖枪到红军中来！白军士兵组织士兵会向官长……打倒不准士兵抗日反帝的国民(党)！欢迎白军弟兄到红军中革命！

白军士兵是工农出身不要替军阀……打倒压迫士兵的白军官长。白军士兵要使家里妻子都有饭吃暴动起来当红军。

消灭蒋介石的主力

曾玉清民居红军标语

下石红军标语

标语简介：

下石红军标语位于乐安县龚坊镇大坑村委会下石村小组曾金娇民居内。书写于 1933 年 2 月初

下石红军标语建筑

粉碎敌人四次围剿活捉陈诚罗卓英

粉碎帝国主义国民党的四次围剿！粉碎敌人的大举进攻！准备长期作战，争取全部胜利！准备一切力量与敌人决战！消灭大举进攻的敌人，巩固土地革命胜利！只有坚决的进攻，才能消灭敌人的进攻！ 红军/(争)拥

告白军士兵白军士兵弟兄们！你们不是很愿意去打日本么，现在日本把热河占领了，并且积极进攻北平天津，离北平只有一天路！全国革命民众都组织义勇军去打日本帝国主义。只有你们白军士兵弟兄却被国民党军阀压迫着不能去打日本！弟兄们！现在应该觉悟了。国民党快把中国卖完了。合起来打倒国民党打倒国民党打倒帝国主义！

国民党压迫士兵！共产党解放士兵！欢迎白军士兵拖枪过来当红军！白军士兵向官长算清欠饷！白军士兵是工农出身不要拿枪来打工农工军！消灭地主阶级的武装！红军争拥

火嵊管家红军标语

标语简介：

火嵊管家红军标语位于乐安县谷岗乡火嵊村委会管家村小组，分布于乐安中心县委旧址及户主为管武清、管德锦的两栋民居内。根据内容落款分析这些标语应该是 1933 年红 12 军在此驻扎时留下的。

背景资料：

中共乐安中心县委 1932 年 8 月，红一方面军根据苏区中央局的"向北发展"的作战方针，展开乐宜战役，连续攻克乐安、宜黄、南丰、宁化等县，开辟了大片新苏区。为加强新边区的领导，江西省委根据苏区中央局的指示，分别成立乐安、南广两中心县委。9 月上旬原万泰县委书记陈洪时率领"宜乐工作团"到达乐安招携，成立了乐安中心县委，并任书记。11 月 6 日，陈因病离任，万泰县委组织部长胡嘉宾继任书记。1933 年 7 月，在开展所谓"反江西罗明路线"斗争中，胡被错误地定为在反江西罗明路线中"右倾机会主义动摇"而撤职，由永丰中心县委书记李福槐继任书记。机关初驻乐安招携汗上村，后迁南村、望仙、太平、山心、前团、稠溪和火嵊、金竹等地(均位于乐安东南境)。隶属江西省委，初辖宜黄县委、崇仁工委和乐安竹溪、善和、望仙、金竹(1933 年 8 月划属宜黄县委)、招携、万崇、水南、增田、太平、竹山、白石、戴坊、西区、高湖等 14 个区委。在第五次反"围剿"中，因宜乐苏区逐步被国民党军占领，中心县委将宜乐地方武装和干部，在县境东南边境坪坑村编成江西新编独立第二团，进行武装突围。大部分在突围中牺牲，机构解体。一部分队伍到达湘赣边，编入湘赣军区红军独立第五团，在湘赣边坚持游击战争，书记李福槐隐蔽在清江县(今樟树市)农村，继续从事党的秘密活动。

纪念六二三 六二三事件即沙基惨案，发生于 1925 年 6 月 23 日。上海五卅惨案发生后，广州和香港工人为声援上海工人发动的省港大罢工，10 万多名工人在中共党员苏兆征等人的率领下回到广州。23 日，10 多万工人、商人、学生在广州东校场举行集会，要求打倒帝国主义、废除不平等条约，并游行到沙面租界对岸的沙基。下午 3 时，当游行队伍行经沙基西桥口时，英军士兵从沙面向游行群众开机枪扫射，驻扎在白鹅潭的英国军舰同时向北岸开炮。游行队伍毫无防备，四散躲避，当场死亡 50 多人，170 多人重伤，轻伤者不计其数。史称沙基惨案。

白军弟兄不做堡垒,马上开到北方打
日本。白军弟兄不修马路,立刻开到
北方打日本

医治白军伤病兵

打倒压迫士兵的白军
管家村乐安中心县委
旧址红军标语

纪念六二三！反对帝国主义瓜分中国！
管武清民居红军标语

红十二军　1930 年 5 月,闽西特委根据中央指示,将 1930 年 3 月由闽西各县赤卫队编成的红九军与红四军第三纵队等部改编红十二军。军长邓毅刚(即邓伟),政治委员高静山(后邓子恢代),参谋长林楚,政治部主任陈正(陈成都)。下辖的 5 个团扩编为 3 个纵队。全军3200 余人。两个月后,红十二军编入红一军团。所辖 3 个纵队改称第三十四、三十五、三十六师。军长伍中豪,政治委员谭震林。10 月,军长伍中豪在同地主武装作战时牺牲于江西安福。1931 年 10 月,红十二军在第三十四、三十五师分别编入红三、红四军后,率第三十六师进入长汀。12 月,与新十二军会师。两军合编,仍称红十二军。闽西新十二军成立于 1930 年 11月,是由红二十军(军长胡少海)和红二十一军(代军长谭希林)合编成,下辖 3 个步兵团,代军长贺声洋(贺沉洋),政治委员施简,政治部主任李力一(李任予)。红十二军成立后便立即集中岩城,改编训练。12 月,中央派左权前去任军长。1931 年第三次反"围剿"后,新十二军与老十二军会师合编,仍称十二军。合编后,红十二军下辖闽西新红十二军改编的三十四师和老红十二军的三十六师,仍隶属一军团,罗炳辉任军长,谭震林任政治委员。1932 年 4 月,增编第三十五师。10 月,红十二军军部及第三十六师编入红二十二军。十二军缩编后,萧克任军长,黄苏任政治委员。1933 年 1 月,红一军团进行缩编,取消军的建制,红十二军改为方面军直辖。1933 年 6 月,红军开始大湖坪整编,十二军整编为红一方面军独立第一团。

消灭蒋介石的主力部队,反对帝国　　　　　　全部消灭蒋介石的主力

主义进攻苏□□

澈(彻)底粉碎敌人四次围剿,打到
南昌九江去。

健全列宁室的工作。红军ⅩⅫ64宣

贫苦工农自动起来当红军!
努力耕种红军公田!

农民组织游击队夺取地主武装。
红军ⅩⅫ64宣

执行共产党政治主张。红军ⅩⅫ64宣

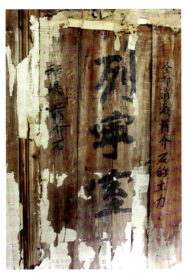

全部消灭蒋介石的主力,活捉蒋介石。列宁室。

澈(彻)底粉碎敌人四次围剿,
全部消灭蒋介石的主力

继续黄陂战役的英勇进攻敌人

管家村管德锦民居红军标语

　　列宁室　　土地革命战争时期,在苏区各级政府、部队、和革命团体普遍建立的一种俱乐部,称作"列宁室",主要职能教育职工识字,组织政治讨论和游艺等活动。30年代初,红军总政治部的机关报《红星报》曾设《列宁室》专栏,指导部队革命理论学习

蓝科进公祠红军标语

标语简介：

蓝科进公祠位于乐安县金竹畲族乡流舍畲族村丰坪村小组，建于同治壬寅年(1866)，坐南朝北，背山面水，一进一天井，硬山顶，小青布瓦，穿斗木构架、石柱础、卵石、杂土墙围砌，面宽 14.2 米，进深 24.8 米，檐口高 5.9 米，屋脊高 8.8 米，建筑面积 352 平方米。天井设祭天的石供台，门廊、轩廊以及厢廊的挑枋均雕刻呈狗的形象，雀替、穿枋、花檩、垂柱均雕刻精美，是迄今为止江西发现的保存最为完好的具有明确纪年的典型畲族特色的少数民族古建筑。公祠墙壁内外保存了许多土地革命时期有关蓝衣社的红军标语，尤其门廊的墙壁上保存最为集中。

背景资料：

蓝衣社 成立于 1932 年 3 月 1 日，正式名字为"三民主义力行社"，是 1930 年中国国民党的一个内部组织，成立本意是克服日本入侵危机、制止国民党腐化堕落。蒋介石为该组织拟定的"宗旨"：革新教育、开发实业、调剂劳资、统制工商、平均地权、扶助耕农、唤起民众、注重道德、崇尚礼仪、创造武力、夭志劳动、誓服兵役、恢复领土、还我主权。因其积极效仿意大利和德国法西斯主义的褐衣党和黑衫党，所以又称之为蓝衣社。蓝衣社反共坚决，曾参加对苏区进行封锁，给中央根据地带来极大的困难，并在中国共产党领导的工农红军进行长征后进入苏区大肆报复屠杀。1938 年 5 月 18 日，蓝衣社按蒋介石"停止一切团体活动"的手谕，在原"两湖书院"旧址——当时的武昌大江中学宣布解体。其 30 余万成员，绝大部分转入三青团，剩余的大约八九万人，转入一个全新的特务机构——军委会调查统计局，即"军统"。

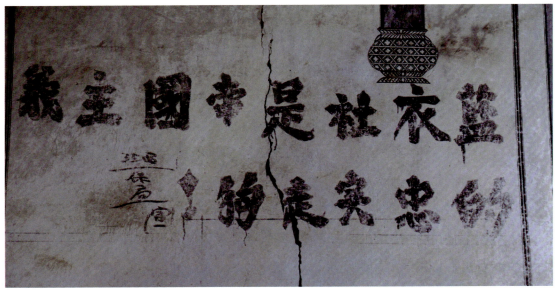

蓝衣社是帝国主义的忠实走狗！江西/保局（宣）

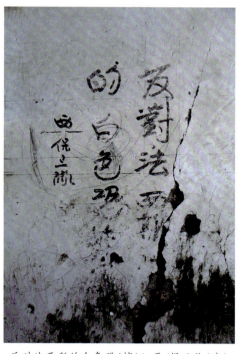

反对法西斯的白色恐(怖)！西/保三队(宣)

蓝衣社是国民党□□□为首的反革命组织，反对法西斯蒂，拥护苏维埃。共产党十大政纲

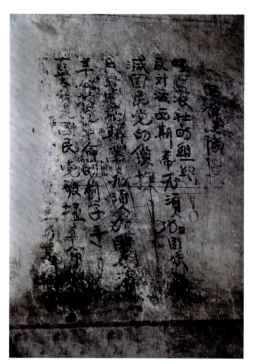

蓝衣社是□□□□主的集团。蓝衣社是国民党破坏革命、镇压革命的刽(剑)子手。反对法西斯蒂(帝)，必须加紧消灭国民党的侦探。反对法西斯蒂(帝)，必须加紧破坏蓝衣社的组织！西保卫队(宣)

严航红军标语

标语简介：

严航红军标语位于乐安县金竹乡严航村委会上队村小组，分布于汉皇庙及上队村两个祠堂内。

邓家大祠堂

发展革命战争争取全国苏区打成一片！发展革命战争保卫苏维埃根据地！组织坚强游击队，发□白区游击战争，全线出击回的□进攻！红军(宣)

粉碎帝国主义国民党四次围剿，争湘鄂赣革命首先胜利。发展革命战争不让敌人侵入苏区寸土！

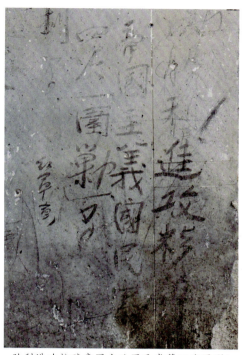

胜利进攻粉碎帝国主义国民党第四次围剿！

红军（宣）

红军战斗漫画

严航村邓家大祠堂红军标语（乐安县党史办提供）

打倒出卖中国投降帝国主义的国民党……

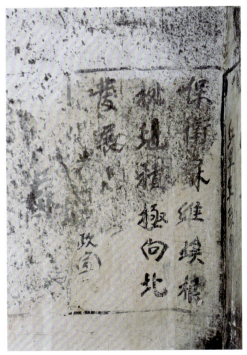

保卫苏维埃根据地积极向北发展　　　　积极向北发展消灭□□□军阀主力

红军军政(宣)

严航村邓氏祠堂

消灭白匪　红军同诊连(宣)

下东坑红军标语

标语简介：

下东坑红军标语位于乐安县金竹乡坪溪村委会下东坑村小组起烈尚志民居内。

下东坑红军标语建筑

　　欢迎白军士兵□□□，联合起来去抗日反帝。打倒压迫士兵□□□挖工事的白军官长。红军(宣)白军士兵是工农出身，反对国民党□□烧杀工农。红军(宣)白军士兵□□过来，为不做亡国奴而打仗！白军士兵不替国民党流一滴血洒一滴汗！红军(宣)

　　白军士兵是工农出身，……欺骗群众的鬼话，……国民党说抗日必须…，□为什么来这里烧杀□□□

流坑红军标语

标语简介：

　　流坑红军标语位于全国家文物保护单位、国家级历史文化名村乐安县牛田镇流坑村内。1933 年 6 月红一方面军大湖坪整编时，红五军团一部在此驻扎，在村中刷写了多处标语。现存标语分布于 7 栋民居内，分别是：

白军士兵要使家里妻儿老母有饭吃，只有来当红军

白军弟兄是工农出身不要开枪打工农

欢迎白军士兵来当红军

流坑村南极星辉民居红军标语

流坑红军标语建筑——董水根民居

欢迎白军弟兄来当红军

武装拥护苏联。推翻国民党政权
流坑董水根民居红军标语

夺取白军和靖卫团的武装来武装工农
流坑安仁门红军标语

男女平等。婚姻自由。公买公卖。反对老公打老婆。男女老幼同等。

妇女□□□□

流坑董国亮民居红军标语

穷人不打穷人

流坑董桂生民居红军标语

欢迎白军士兵当红军　　　　粉碎帝国主义国民党　　　　　士兵不打士兵。
　　　　　　　　　　　　　　　对中央苏□□

消灭守望队，组织赤卫队。反对帝国主义。

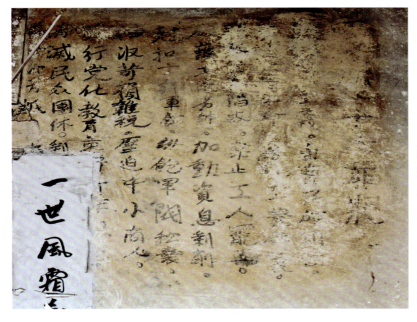

国民党十大罪状，□□□□□主义□□□□。□□□□阶级禁止工人罢工，维护土豪劣绅，加动资息剥削。克扣士兵军饷终饱军阀私囊，抽取苛捐杂税，压迫中小商人。实行党化教育□□□□□□。消灭民众团体□□□□□□□。

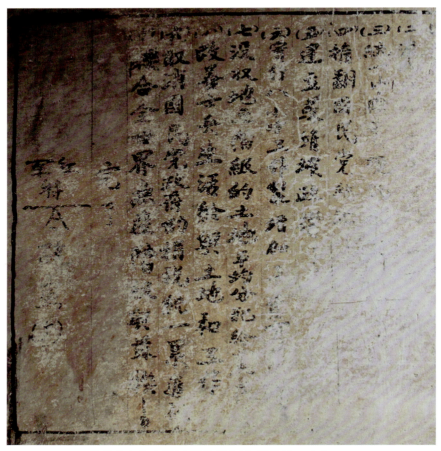

共产党十大政纲(内容见前文)红军特/A 政宣

流坑董恩生民居红军标语

背景资料:

守望队　土地革命时期,在江西国民党统治区(又称白区),国民党政权为对抗工农红军和赤卫队,欺骗群众,制造"共产共妻"等谣言,以乡、都为单位普遍设置障碍守望队,在保卫团的统率下,参与镇压当地的工农革命。守望队以10人为1班,3班为1哨,3哨为1分队。队员持梭镖,背马刀,于要路隘口站岗放哨,四出搜捕革命群众,后废除。

水溪红军标语

标语简介：

　　水溪红军标语位于乐安县罗陂乡水溪村，标语共 5 条，红军用石灰水刷写于 3 户民居的外墙上。

坚决斗争打敌人的欺骗！红军/政(宣)

□□的工农当红军

红军公买公卖

将匪区的□□□□□分配给农民。红军/宣

实行赤色戒严！

龙江红军标语

标语简介:

  龙江红军标语位于乐安县罗陂乡龙江村委会龙江村小组伍氏宗祠内，红军在祠堂内墙壁上用毛笔绘了一幅漫画并书写了一幅标语。漫画长 3.6 米，宽 2.6 米，由一狮、一狼、一狗和中国地图组成，狮、狼、狗的画身分别书有"国联""日本"和"国民党"的墨色手写繁体字，喻义国联、日本侵害中国利益，国民党出卖中国利益。标语书写于右侧耳房内，内容为:为苏维埃而奋斗到底。

龙江红军标语

坎上红军标语

标语简介：

坎上红军标语位于乐安县罗陂乡罗田村委会坎上村小组，共有 4 户标语建筑，分别是：刘任昌民居，标语共有 4 幅，红军用毛笔写于民居内墙壁上。

中国工农红军乐安□□

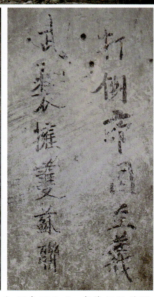

打倒帝国主义，武装拥护苏联。

驱逐帝国主义在华

苏维埃与□□□反对帝国主义□□□。欢迎自动抗日的白军弟兄与红军联合起来一同去打日本帝国主义。红军□(宣)

坎上刘任昌民居红军标语

刘群珍民居共有 2 幅，红军用石灰水刷写于外墙清水砖上。

庆祝红军胜利

□□□反对帝国主义进攻苏联

坎上刘群珍民居红军标语

刘文昌民居共有 1 幅,红军用石灰水刷写于灰抹外墙上。

纪念八一反对国民党卖国！　红军□(宣)

坎上刘文昌民居红军标语

刘学珍民居共有标语 6 幅,红军用毛笔书写于正门外灰抹墙壁上。

背景资料:

勇敢队　1931 年前后,乐安苏区出现了肃反扩大化的反"AB 团"运动。少数意志不坚定的共产党员和干部在被打成 AB 团,侥幸逃脱后,在国民党庇护下,组成勇敢队,和共产党为敌。乐安勇敢队首领名叫邱汉七,曾一次深入乐安万崇苏区,杀死多名工农干部和红军,制造了"万崇"事件。

彻底肃清封建势力,反对帝国主义!……

反对白军官长打骂士兵,打倒不准士兵去抗日的国民党。东三省□□

群众们,你们要把勇敢队是 AB 的□□□首
领□□□来吃。

工农劳苦群众你们打倒勇敢队是红□□□,
是进去打 AB 走红军□□成为二□□□□□红
军打起汉族来

纪念十月革命。反对国民党军阀进
攻革命区。乐安独立团二连宣

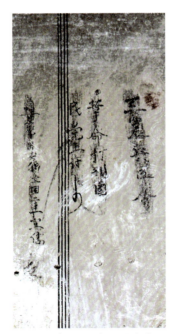

勇敢队是 AB 团的首领。中国/工农红军乐安独立团

工农兵联合革命打倒国民党政府！中国/工农红军乐安独立团二连宣传

打倒日本帝国主义

杏园老厅红军标语

标语简介：

　　杏园老厅红军标语位于乐安县罗陂乡杏园村委会老厅村小组陈终绍民居内，红军用毛笔在房内灰墙上书写了1首《反对开小差的歌》和1幅标语。

出操上课学军事，学政治学识字

反对开小差的歌　开小差的士兵无缘无故回家庭/原本是工农不该怕牺牲/快快的归队当红军/父母子女皆优待/一切田地有人耕/快快归队当红军/大家欢送和欢迎/粉碎敌人大举进功(攻)/开小差的士兵无缘无故回家庭/劳苦的工农都应当红军/快快的归队到前方/你们初(切)莫受人骗/勇敢前进杀敌人/快快归队当红军/才是革命的先锋/粉碎敌人大举的进攻/开小差的士兵无缘无故回家庭/逃跑最可耻/红军最光荣/开小差的革命同志要看轻/我们儿童要□/你还不算个苏维埃公民/快快归队当红军/奋勇向前杀敌/粉碎敌人大举进功

　　我们是铁的红军,不识字好苦

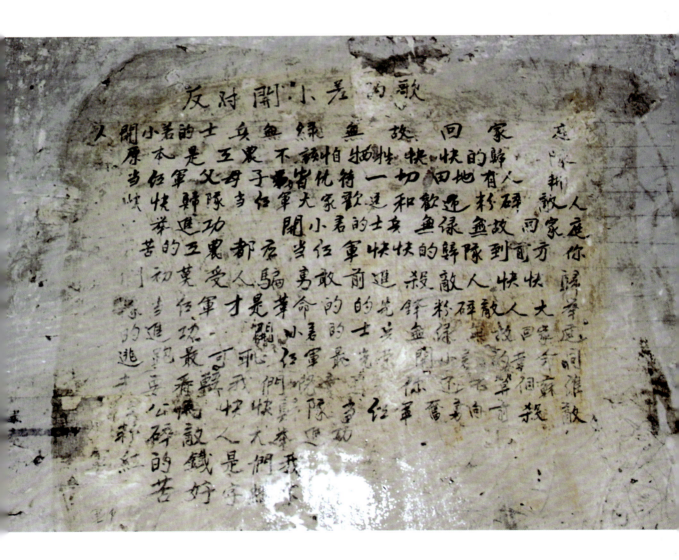

山心红军标语

标语简介：

山心红军标语位于乐安县南村乡山心村，分布于王光荣、王杏生、王留明 3 户民居中，均用毛笔书写于墙体上，共有 6 幅，书写时间是 1933 年。

背景资料：

八一即八一建军节。每年的八月一日是中国人民解放军建军纪念日，因此也叫"八一"建军节。1933 年 7 月 11 日，中华苏维埃共和国临时中央政府根据中央革命军事委员会 6 月 30 日的建议，决定 8 月 1 日为中国工农红军成立纪念日。从此，每年 8 月 1 日就成为中国工农红军和后来中国人民解放军的建军节。当年 8 月 1 日，在瑞金叶坪红军广场举行了历史上第一个"八一"纪念活动并且当日傍晚在瑞金城南竹马岗举行了红军阅兵式和分列式。

激（彻）底粉碎敌人的四次围剿！

纪念八一打倒帝国主义走狗国民党！纪念八一工农红军成立日

纪念八一工农红军成立日

只有消灭帝国主义！才能打倒国民党！勇敢的青年来当红军！中国工农红军万岁！

白军是工农出身来当红军！反对国民党战争！打倒帝国主义！穷人不打穷人！白军士兵来当红军！打倒出卖中国的！

要想救中国必须打倒卖国的国民党！反对国民党出卖华北的卖
国条约！反对国民党把抗日士兵调来打苏维埃！只有苏(维)埃才能救
中国！国民党不消灭中国将完全变成殖民地！红军/党

西务红军标语

标语简介：

西务红军标语位于乐安县牛田镇峡圳村委会西务村小组，标语用毛笔书写于丁文峰、丁乃继、丁乃干3户民居的灰抹砖墙上。

1.粉碎敌人五次为(剿)！2.红军是工农自己的军队！3.红军是要打倒国民(党)军阀他勾结帝国主义出卖中国民族利益！4.共产党十大政纲是保护工农谋利益的！是为全世界无产阶级谋啟

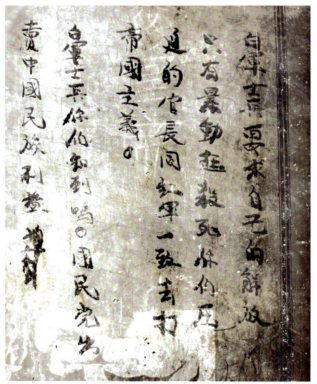

白军士兵要求自己的解放只有暴动起来杀死你们压迫的官长同红军一致去打帝国主义白军士兵你们知到(道)吗,国民党出卖中国民族利益。

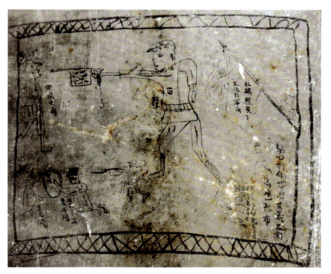

红旗照天下,坚决打军阀。努力打倒帝国主义,反对白色恐怖。(红军战斗漫画)

扩大红军一百万!

红军是工农自己的军队!是保护工农谋利益的!是为全世界无产阶级谋解放!要打土豪分田地!红军是要打倒国民党军阀他勾结帝国主义出卖中国民族利益!

213

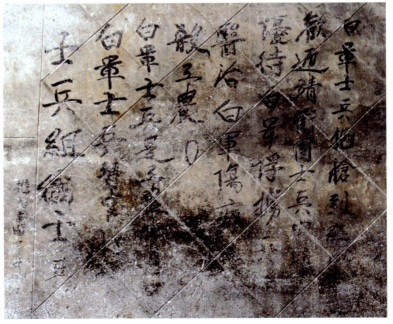

士兵组织士兵委员会！白军士兵替官打□□！白军士兵
是工农出身不要杀工农。医治白军伤病。优待白军俘虏兵。
欢迎靖卫团士兵官□□。白军士兵拖枪到红军中。

背景资料:

士兵委员会 1927年9月底,毛泽东在江西永新的三湾进行著名的"三湾改编",其中一项重要的内容是在军队实行民主,设立了士兵委员会。主要任务有五项:一是参加军队管理;二是维持红军纪律;三是监督军队经济;四是作群众运动;五是作士兵政治教育工作。后来该项制度在红军军内得到普遍推行,这种官兵一致的民主制度下,部队面貌焕然一新。

白军是帮助反革命。红军是帮助工农推翻资产阶级的统治,白军士兵不要上当不要替军阀卖命。士兵组织士兵委员会。优待白军俘虏兵。医治白军伤病。

反帝拥苏(宣)

打倒欺骗群众的改组派,取消派,AB团,社会民主党,打倒屠杀工农的改组派,打倒勾结帝国主义出卖民族利益的改组派,打倒帝国主义的走狗——社会民主党,消灭反革命国民党。

背景资料：

改组派 改组派是中华民国南京国民政府初期,政府内部的主要反对派。1928年下半年成立于上海。主要发起人为陈公博、顾孟余等。1927年"四·一二"政变与"七·一五"政变后,国民党内各派之间的权利之争更加激烈,其中以蒋介石集团与汪精卫集团的矛盾最为尖锐。1928年国民党二届四中全会后,汪精卫集团在争夺南京国民政府最高统治权的斗争中遭到失败。同年5、6月,陈公博、顾孟余在上海创办《革命评论》《前进》杂志,以资产阶级改良主义为号召,重新制订纲领,改组国民党。改组派是南京国民政府初期影响较大的一个政治反对派,在削弱蒋介石集团的统治力量方面起了某些作用。

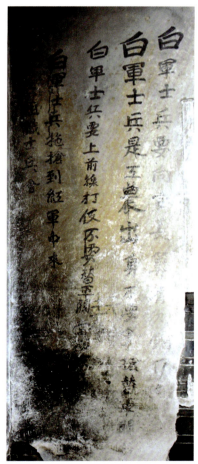

白军士兵要向官长算清欠饷！白军士兵是工农出身不要拿枪替军阀□□。白军士兵要前线打仗,不要替军阀当炮灰。白军士兵拖枪到红军中来。士兵组织士兵会。

白军士兵使家里妻子老母有饭吃只有武装暴动欢迎靖卫团士兵实行土地革命回家分田！优待白军俘虏兵医治白军伤病兵 西务村丁乃干民居红军标语

水南红军标语

标语简介：

　　水南红军标语位于乐安县牛田镇水南村委会,标语建筑共有 12 处,能辨识清楚的有 10 处,分别是刘家村小组丁宜操民居,第 9 村小组游学林宅民居,第 7 村小组丁祖贡民居,第 7 村小组丁根康民居,第 3 村小组郭金娇民居,第 3 村小组丁金根民居,第 9 村小组游罗女民居,第 9 村小组游安林民居,第 7 村小组董秋金民居,第 5 村小组吴上芳民居。

打倒强占东三省的日本帝国主义。
打倒法西斯蒂
水南村丁宜操民居红军标语

白军是军阀的军队,红军是工农的军队
水南村游学林民居红军标语

武装拥护苏联

水南村丁祖贡民居红军标语

英勇钟风拼命杀敌活捉师长□□

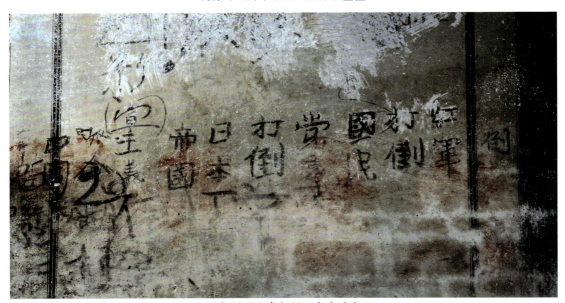

红军打倒国民党打倒日本帝国主义

拥护中国共产党　红军宣

农民起来实行土地□□

反对帝国主义

水南村丁根康民居红军标语

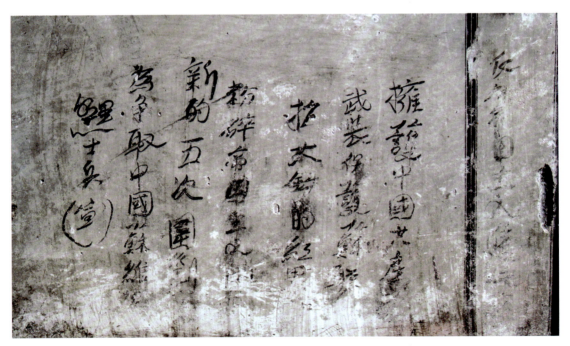

反对帝国主义,拥护中国共产党,武装保护苏维埃,粉碎帝国主义的□

□□□新的五次围剿,为争取中国苏维埃□□。红军/士兵宣

水南村郭金娇民居红军标语

团结起来消灭白军。农民不要交租

打倒投降帝国主义的国民党。

靖卫团是豪绅的武装。

水南村丁金根民居红军标语

工农兵团结起来实行暴动夺取当地政权。红军Ⅲ25宣

打倒□□军阀混战的国民党。红军Ⅲ25宣

水南村游罗女民居红军标语

欢迎白军拖枪过来当红军。欢迎

白军弟兄打土豪分田地。红岳特宣

▲国民党帮助资本家压迫工人，共产党帮助工人反抗资本家。红Ⅲ25宣

水南村游安林民居红军标语

1.□中共青团　2.武装拥护苏联　3.红军三军九师二十五团宣

4.农民士兵打土豪分田地　5.红军九军三□□□　6.红军九军·三□宣

水南村董秋金民居红军标语

背景资料：

红三军九师二十五团　　红三军前身为赣西南的红六军。1930年1月18日至21日，中共赣西、湘赣边特委和红五军军委在遂川之零四圩召开联席会议，决定将江西红军独立第二、三、四、五团与赣西南红军游击队合编为红军第六军。1930年7月，红六军改称红三军，编入红一军团，黄公略任军长（牺牲后徐彦刚任代理军长），陈毅任政治委员（后蔡会文代），周子昆任参谋长。11月，扩编为第七、八、九师：第七师师长陈伯钧，政治委员李涛；第八师师长刘畴西，政治委员王如痴；第九师师长徐彦刚，政治委员朱良才。全军共5000余人。红九师下辖25团、26团和27团。邱会作中将、谭冠三中将、王向荣中将、匡斌少将等均在25团战斗过。1933年6月，红一军团进行整编，25团随红3军一起，被编入红1军团1师。

工农专政

水南村吴上芳民居红军标语

山砀李家红军标语

标语简介：

山砀李家红军标语位于乐安县山砀镇口前村委会李家村小组李爱中民居内。

背景资料：

共产儿童团　苏区儿童组织的名称。土地革命时期,党在建立苏维埃政权的同时,也建立起革命的儿童组织。中国共产主义青年团依照少共国际与国际儿童局来信的精神,在1930 年 12 月召开的五届三中全会上,通过了《儿童运动决议草案》,决议中确定,苏区的儿童组织名称统一定为共产儿童团,成员年龄为 7 岁以上,14 岁以下。并确定:共产主义儿童运动,由中国共产主义青年团直接领导,从中央到各级团部迅速成立儿童局,各级团部的儿童局,就是儿童运动的各级组织和领导机关。1931 年 10 月,苏区中央儿童局制定了共产儿童团的组织法和编制法,进一步明确了共产儿童团的组织性质和工作原则,共产儿童团的组织系统为:苏区全省代表大会——苏区总团部委员会,从省至县、区、乡、村都设系统的代表大会和团部委员会。

国民党是屠杀工农的□□□。欢迎白军士兵拖枪过来当红军。白军士兵是工农出身不要打工农。白军士兵要向官长算清欠饷。欢迎靖卫团实行土地革命回家分田。欢迎靖卫团拖枪来当红军。士兵组织士兵委员会。优待白军俘虏。红军争□宣

建立工农兵自己的武装。农民起来实行土地革命。农民起来打土豪分田地。红军是工人农民的军队。红军

白军士兵你们都是工农出身
不要来打红军！

活捉蒋介石！

工农少年儿童组织共产儿童团！青年工农要想解除痛□只有在共产青年团领导下团结起来！青年学生只有参加……反动的三民主义。贫苦工农自动当红军去。武装拥护苏维埃！

万坊红军标语

标语简介:

    万坊红军标语位于乐安县万崇镇丰林村委会万坊村小组万德宝民居中，标语用毛笔书写于民居内抹灰墙上，时间为 1932 年至 1933 年期间。

苏维埃新中国万岁！

武装保护苏联

打倒投降帝国主义□□,打倒出卖民族利益□□。

拥护查田运动。武装拥护苏联。粉碎敌人五次围剿。

1.国民党是帝国主义的瓜分中国的清道夫。2.国民党投降帝国主义的忠实走狗□□。3.国民党烛欺骗工农劳苦群众的政党。4.打倒国民党出场中国民族利益。5.打倒帝国主义,打倒国民党。6.打倒阻碍与帝国主义作战的国民党。7.反对国民党欺骗式的口号。红军/布(宣)

8.加紧帮助查田运动。9.加坚肃清一切反革命派别。10.加紧地方武装工作。11.加紧肃清AB团及勇敢队。12.加紧动员扩大铁的红军工作。13.欢迎靖卫团回家打土豪分田地。14.欢迎白军士兵反过来当红军。红军/布(宣)

加紧学习军事政治　努力查田运动

发展民族革命战争，武装拥护苏联。

反对帝国主义瓜分中国！反对帝国主义进攻苏联！反对国
民党卖国！要打倒帝国主义□□！红军/布（宣）

233

打倒帝国主义。反对帝国主义进功（攻）苏联。武装拥护苏联。反对帝国主义瓜分中国。打倒出卖民族利益的国民党。激（彻）底粉碎帝国主义国民党的五次围剿。打倒日本及一切帝国主义。白军士兵是工农出身，不要来拿枪打工农。欢迎白军弟兄拖枪过来当红军。白军弟兄们你们是工农出身□□。红军是工人农民的军队。红军/布（宣）

打倒国民狗党

武装拥护苏联！反对帝国主义瓜分中国！国民党是帝国主义的走狗！打倒屠杀工农的国民党！消灭一切反革命派别！

池头上红军标语

标语简介:

池头上红军标语位于乐安县万崇镇池头村委会上村村小组,标语分布于村中邱希仁、邱希进两户民居中。据当地回忆和萧克回忆录记载,1932年4月,萧克率红军独立5师进驻此地,有部分标语为独立5师战士所写。

背景资料:

反对国民党出卖平津的停战协定即塘沽协定。1933年5月31日,中国政府和日本关东军签订的丧权辱国的协定。规定中国军队撤至延庆、通州、宝坻、芦台所连之线以西、以南地区,以上地区以北、以东至长城沿线为武装区,实际上承认了日本对东北、热河的占领,同时划绥东、察北、冀东为日军自由出入地区,从而为日军进一步侵占华北敞开了大门。

红军独立第五师 又称红军永吉泰独立师,1931年6月, 根据中共苏区中央局和中革军委的决定,将永丰、吉安、泰和、吉水等县地方红军武装,合编为红军永吉泰独立师,又称红军独立第五师,师长萧克,政委毛泽覃。1932年5月有指战员1500人,枪900支。编成后,参加了第三次反"围剿"作战。9月18日,担任追击国民党军第六师赵观涛部、第五师周浑元部的任务。此后,在永丰、吉水、吉安、泰和一带活动.同年冬,重新恢复红二十二军番号时,成为该军的直辖师。1932年6月,受江西军区指挥。1932年7月,与独立第四师合编为红军第六十五师,独立第五师番号不复存在。

国民党是地主资产阶级的官僚集团!打倒投降出场民族利益的国民党!打倒帮助帝国主义的国民党!驱逐帝国主义在华的海陆空军!反对帝国主义进攻中国革命!反对帝国主义进攻苏联,武装拥护□□。

　　武装拥护苏联！反对帝国主义瓜分中国共管中国！打倒投降帝国主义出场民族利益的国民党！打倒出卖华北□□中国民族的□□！反对国民党进攻真正抗日反帝的苏维埃□□！澈（彻）底粉碎帝国主义国民党的五次围剿！

　　打倒不准士兵抗日反帝的国民党！反对国民党出卖平津！反对国民党屠杀反日反帝的革命民众！打倒抽收苛捐杂税造成农村经济破产□□！反对国民党抽丁拉夫摊捐！国民党不消灭，中国将完全变成殖民□！打倒不准说抗日的国民党！

打倒不去抗日专来□□！要想抗日必须打倒卖国的国民党！用民族革命战争的胜利□□！

反对国民党出卖平津的停战协定！反对国民党军阀解放□□！反对国民党抽丁拉夫摊捐！打倒不去抗日专来屠杀中国□□！要想抗日必须打倒卖国的国□□！国民党不消灭中国将完全变成殖□□！打倒阻碍红军与帝国主义作战争的□□！反对日本帝国主义屠杀□□的□□！反对帝国主义进攻苏联，武装全世界无产阶级和被压迫的民族！把东三省热河从日本帝国主义手中□□！扩大民族革命战争推翻帝国主义！

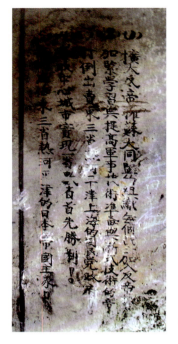

1.扩大反帝拥苏大同盟组织每个战士加入反帝拥苏□□2.加紧学习与提高军事技术准备与新式技术的帝国□□3.打倒出卖东三省热河平津上海的国民党政府！4.夺取中心城市实现一省数省首先胜利！5.打倒强占东三省热河平津的日本帝国主义

打倒国民党,驱逐日兵出中国外

纪念八一反对进攻苏联武装保护苏联！纪念八一反对帝国主义强盗战争！

巩固苏区和红军！

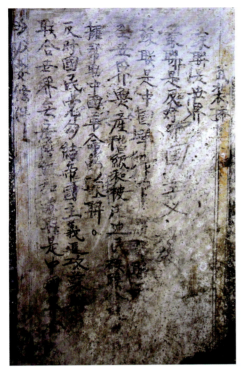

苏联是全世界革命的领导者！苏联是反对帝国主义的大本营！苏联是中国革命真正帮助□全世界无产阶级和压迫民族联合起来！拥护无产阶级的祖国苏联！

池头上村邱希仁民居红军标语

帮助红军送消息！进攻敌人，欢迎□□

白军士兵要反抗日反帝就要到红军！

……侵占东三省！红军

池头上村邱希进民居红军标语

上罗红军标语

标语简介：

上罗红军标语位于乐安县万崇镇上罗村委会第 3 村小组邓氏祠堂和第 5 村小组邓发祥民居内。

邓氏祠堂始建于明宣德戊申年(1428)，明正德丁丑年(1517)和嘉靖乙未年(1535)扩建，清康熙戊戌年间(1718)修葺，民国十三年(1924)再次重修。宗祠为砖木结构，坐西朝东，面阔18.2 米，进深 66 米，总占地面积 1201 平方米。总体布局为三进两天井，四柱三开间。祠前另建砖砌八字形两层三楼门坊。标语分别用石灰水刷写在外墙和用毛笔写于祠内，落款红军八四。

背景资料：

红军八四　即红八军第四师 1930 年 6 月，根据全国红军代表会议会议精神，中共红五军军委将所属第 5 纵队扩编为红军第八军。军长何长工，政治委员邓乾元，政治部主任柯庆施。下辖三个纵队：一纵队：纵队长程子华，政委郭一清

二纵队：纵队长谢振亚，政委石恒中。三纵队：纵队长何时达，政委徐策。被编入红三军团随后红八军和红五军进行了混编。混编后红八军军长何长工，政委袁国平，参谋长卢匿才，政治部主任柯庆施。下辖四、六两师。四师师长卢匿才(兼)，政委石恒中，参谋长彭绍辉。六师长郭炳生，政委彭雪枫。1931 年 4 月，中央苏区第二次反围剿时，红八军各师改由红三军团军部直辖，红

八军军部撤销，只保留名义。

粉碎敌人的大举进攻

1.消灭勇敢队　2.打倒屠杀工农的国民党。消灭王兆□。消灭地主武装　3.活捉蒋介石□□。消灭靖卫匪团　4.反对不浪□□□□。消灭蒋介石狗头　5.反对吃烟的。消灭国民党。消灭陈清□组派。消灭军阀混战。消灭帝国主义四次围剿

国民党是帝国主义的走狗,反对帝国主义□□打□走狗国民党

拥护工农利益。红军八四

武装拥护苏联。

上罗邓氏祠堂红军标语

背影资料：

　　消灭王兆□　王兆□即王兆麟。乐安湖坪东山村人，1930年任乐安靖卫团大队长，多次率部骚扰苏区，与红军和工农群众长期为敌，1949年乐安解放时，被解放军击毙。

···勇敢队。···扩大工农。红军/特二连

打倒阻碍红军与帝国主义作的国民党。夺取南昌武汉自□主义作战。苏维埃与红军是
真正反对帝国主义□□。要打倒□□□□□□□。先□□□□□□□□□国主义的国民党。打
倒□□□□□抗日及□□的国民党

　　要倒帝国主义□□□□要打倒投降帝国主义□的国民党。苏维埃与红军
是真正反帝国主义的力量。夺取南昌武汉直接□□主义作战。援助勇军反日反
帝及国民党。反对国民党□□□□□及帝国苏维埃和红军。红军□□□□□宣

　　　　　　　上罗邓发祥民居红军标语

坪上红军标语

标语简介：

坪上红军标语位于乐安县招携镇坪上村委会坪上村小组曾秋民、曾省三、曾文才 3 户民居中。书写于 1932 年

背景资料：

第四军第十三师 前身是 1930 年 6 月陈毅在赣南创建的红 22 军。稍后，由于兵员减少以及肃清 AB 团的影响，二十二军在兴国缩编为六十四师，由张际春和粟裕先后任师长、张际春和高自立先后任政委。1931 年 9 月，由于林彪任军长的红四军在第三次反围剿中损失较大，64 师被改编为红四军第 13 师。1933 年 6 月，红一军团在吉安永丰的藤田进行整编，红 13 师均被撤销。

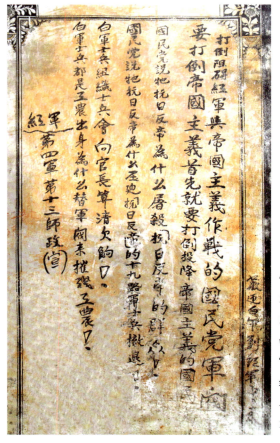

欢迎白军到红军中来！打倒阻碍红军与帝国主义作战的国民党军阀！要打倒帝国主义首先就要打倒投降帝国主义的国民党！国民党说他抗日反帝为什么屠杀"抗日反帝"的群众！国民党说他抗日反帝为什么压迫"抗日反帝"的十九路军士兵撤退！白军士兵组织士兵会向官长算清欠饷！白军士兵都是工农出身为什么替军阀来摧残工农！红军/第四军第十三师政(宣)

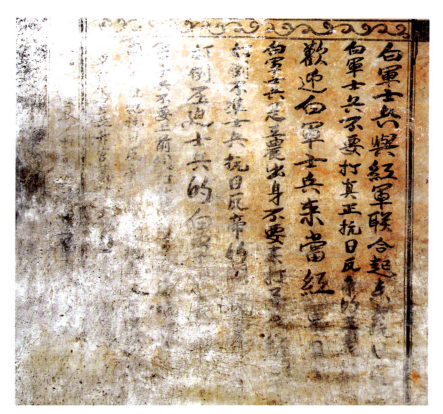

白军士兵与红军联合起来去抗日！白军士兵不要打真正抗日反帝的工农！欢迎白军士兵来当红军！白军士兵是工农出身不要来打工农！打倒不准士兵抗日反帝的国民党！打倒压迫士兵的白军官长！白军士兵不要上前线打仗！国民党说他抗日反帝□□！白军打仗官长升官发财！

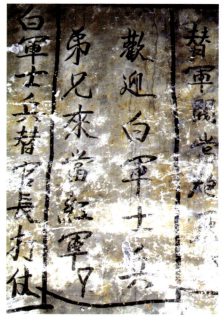

欢迎白军士兵弟兄来当红军！

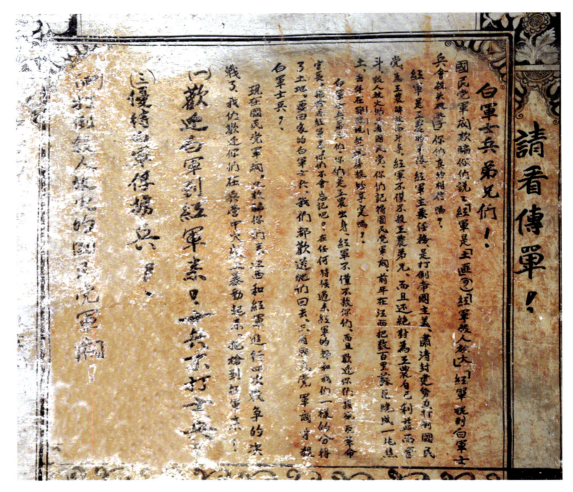

请看传单！白军士兵弟兄们！国民党军阀欺骗你们说了"红军是土匪(？)""红军杀人放火""红军捉到白军士兵会杀头破肚子"你们真的相信吗？红军是工农的军队，红军主要任务是打倒帝国主义，肃清封建势力！打倒国民党，为工农解放而斗争。红军不仅不杀工农弟兄，而且还绝对为工农自己利益而奋斗，杀人放火的只有国民党，你们记得国民党军阀，前年在江西数百里苏区烧成一片焦土，去年在鄂豫皖樊烧屠杀的事实吗？白军士兵弟兄们，你们是工农出身，红军不仅不杀你们，而且你们杀死反革命官长，拖枪过(到)红军来。你们不会忘记吧！在任何时候过来红军的都和我们一样的分得了土地，要回家的白军士兵，我们都欢迎他们回去，只有国民党军阀才杀白军士兵！现在国民党军阀，只欺骗你们来江西和红军进行四次战争的决战了，我们欢迎你们在兵营中火线上暴动起来，拖枪到红军来！(一)欢迎白军士兵到红军来！士兵不打士兵！(三)优待白军停房兵！(四)打倒杀人放火的国民党军阀！

坪上村曾秋民民居红军标语

1.白军士兵是工农出身,不要来打工农红军。2.白军士兵是工农出身,不要来为工农谋解放的红军。3.打倒阻碍红军与帝国主义作战的国民党军阀。4.要打倒帝国主义,首先就要打倒投降帝国主义的国民党。5.到南昌、武汉直接与帝国主义作战。6.苏维埃与红军真正反对帝国主义的力量。7.援助义勇军反帝反日反国民党。中国工农红军第四军政治部宣传队(宣)

背景资料:

　　中国工农红军第四军　　朱德在井冈山缔造的红四军。1928 年 4 月成立。军长朱德,政委(党代表)毛泽东,参谋长王尔琢,政治部主任陈毅。下辖两个师。10 师和 11 师。1928 年 5 月 25 日,改称为红军第四军,取消师级番号。下辖 4 个团及 1 个教导大队,共 6000 余人。1930 年 6 月中旬,红四军编入红一军团,辖十师、十一师和十二师。8 月,随军团编入红一方面军序列。1932 年底,红一方面军撤销军的建制,红四军番号撤销。后于 1933 年 6 月改编为红一军团第二师。

……4.苏联是世界革命的领导者！5.联合全世界无产阶级和苏联！6.实行武装维护苏联！7.以民族革命战争消灭帝国主义反苏联反中国的武装干涉！8.反对国民党勾结帝国主义进攻苏联！中国工农红军第四军政治部宣传队(宣)

坪上村曾省三民居红军标语

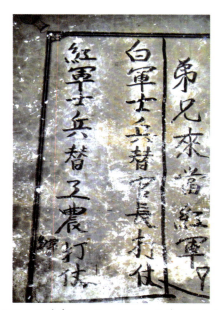

白军士兵替官长打仗　红军士兵替工农打仗

白军士兵兄弟上前线打仗不要替军阀当炮灰

坪上村曾文才民居红军标语

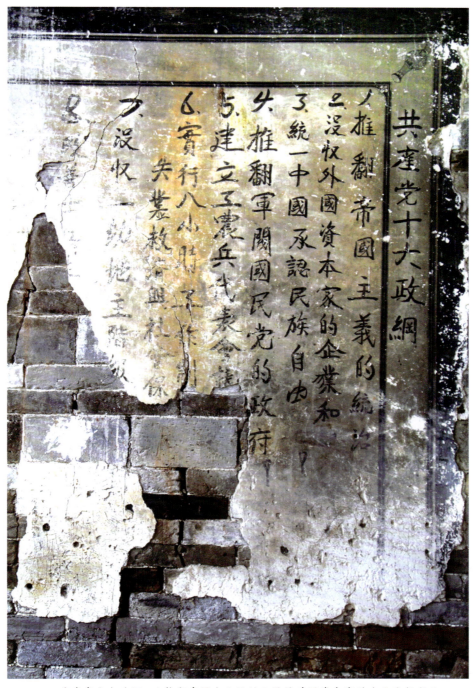

共产党十大政纲　1.推翻帝国主义统治2.没收外国资本家的企业和银行3.统一中国承认民族自由4.推翻军阀国民党的政府5.实行工农兵代表会议6.实行八小时工作制,失业救济与社会保□7.没收一切地主阶级8.改善士兵生活。

望仙红军标语

标语简介：

　　望仙红军标语位于乐安县招携镇望仙村委会京田村小组曾石生民居和望仙村小组曾伍生、曾火生民居。

实行男女平等打倒国民党政府

打倒帝国主义

拥护中国革命的唯一领导者——中国共产党

武装拥护苏联

望仙村曾伍生民居红军标语

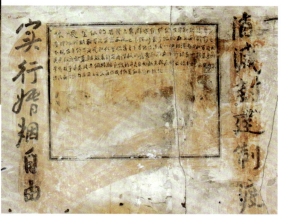

反对国民□□□区大□□□□的□□□□□欢迎被欺压□□白军士
兵□□□中来□□□命□□□欢迎□□□□□白军士兵□□红军打□□□

望仙村曾火生民居红军标语

三湾村红军标语

标语简介：

三湾村红军标语位于乐安县招携镇三湾村委会和肖老三民居中。

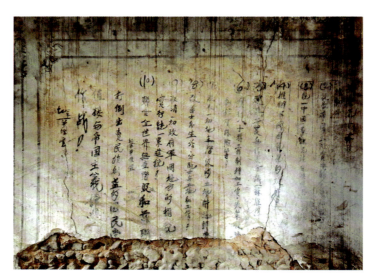

共产党十大政纲推翻帝国主义的统治。没收帝国主义资本的企业和□□□。统一中国承认民族自决权。推翻军阀国民党的政府！建立工农兵代表会议(苏维埃)。实行八小时制增加工资失业□□和社会保险等！没收一切地主阶级的土地耕地□□。改善士兵生活分配士兵土地和士作！取消一切政府军阀地才的捐税实行统一累进税！联合全世界无产阶级和苏联。红军争埃宣

打倒出卖民族利益的国民党！直接与帝国主义作战！红军争埃宣

国民党十大罪 1.勾结帝国主义□□□□ 2.背叛中国革命□□□□□ 3.帮助资产阶级□□□□ 4.庇□土豪劣绅□□□□ 5.克扣士兵军饷□□□□ 6.□□□捐杂税□□□□ 7.取消民众团体，剥夺□□ 8.□□党化教育□□□ 9.□□□□□骗取□□ 10.制造军阀混战□□□红军争埃宣

三湾村委会红军标语

256

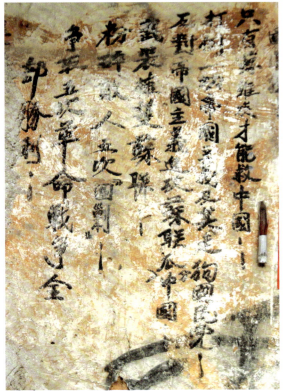

只有苏维埃才能救中国！打倒一切帝国主义及其走狗国民党！反对帝国主义进攻苏联瓜分中国！武装拥护苏联！粉碎敌人五次"围剿"！争取五次革命战争全部胜利！

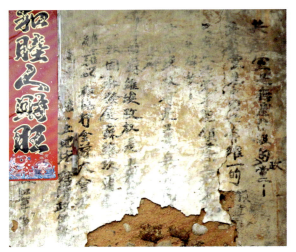

共产党是无产阶级的政党！共产党是中国革命唯一的领导者！只有共产党才能领导工农及□
□□解放！苏维埃政府是工农兵贫民□□□政府！中国苏维埃政权是工农民主□□□和发展苏维
埃军□□□□和□行全苏大会□□□□□□土地法□政策□□□□□□□□□□□□□□红军争宣

红军是工人农人自己的队伍！红军是反帝国主义军阀的革命军队！工农自动起来当红军！
努力耕种红军公田！动员工人干部到红军中来！加强红军中□□□□□□领导！贫苦工农赶快
起来欢迎红军！慰劳红军自动□□□！

三湾村肖老三民居红军标语

背景资料：

红军公田　土地革命时期，为了保障非苏区内部的外来红军及其家庭基本生活，扩大红
军在苏区之外的革命影响，苏维埃政府划出一定土地分配给外来红军，并由土地所在的乡苏
维埃负责耕种和管理，这部分土地被称作"红军公田"。

大湖坪红军标语

标语简介：

大湖坪位于乐安县湖坪乡，离乐安县城 40 多公里，现为乡政府所在地，含东山、西头、墩上 3 个村委会，村庄方圆 25 平方公里，坐落在一块土地肥沃的冲积盆地中。四面群山拱抱，秀峰叠翠。一条发源湖平最南端的贺立村大岭的河流，与一条发源湖平东面的善和、长付等地山水合流的小河，环村而来，在村庄的西端合流为一，下经永丰、吉水、流入赣江。湖坪村有千余年的建村史，全村现有三千九百多户人口，保存有明清古建筑近 300 多处，牌坊、祠堂、书院鳞次栉比。1933 年 5 月至 6 月，红一方面军在湖坪进行了一次大的整编，多支部队进驻湖坪，在湖坪留下了众多的历史痕迹。现有 14 栋建筑保存了 46 幅红军标语。其中有：

红一方面军大湖坪整编旧址国宝公祠红军标语

国宝公祠位于西头村，始建于清乾隆庚申（1740），左边为民居，右与总节孝祠相邻，前面是池塘，后面为湖坪小学。建筑坐西朝东，硬山顶屋面，混合式构架，面宽 23 米，进深 90 余米，总面积 2097.6 平方米。祠前院门立石牌坊与围栏石板，牌坊毁于"文革"，留下四个须弥座。祠门前立有两对石柱，支撑卷棚檐，形成前廊。祠门左右两座高大石狮子，气派雄伟。建筑内由门厅、正厅、享堂三部分组成，各部位木构件雕刻有图案花纹，千姿百态，栩栩如生，工艺十分精湛。1933 年 5 月，大湖坪整编时，红一方面军司令部设在祠内，红三军团在祠前广场进行了整编。红军在此驻扎时用毛笔在祠堂大门留下多条标语，后因建筑不合理修缮，使标语遭到破坏，现只余一幅能辨识清楚，内容为共产党十大政纲。

背景资料：

大湖坪整编（又称红三军团整编）

中央苏区第四次反"围剿"胜利后，红一方面军第一、三、五军团分别在永丰东沙、乐安大湖坪（即湖坪村）等地进行了一次重要整编，史称"大湖坪整编"。

1933 年 5 月 10 日，根据敌我双方相持局面的形势，周恩来在前方发出的《在目前行动中改编部队办法的请示》中指出："目前行动，我军主力如久停一地确失去许多时机，但全部调往永丰东南，则将失去赤化宜乐机会，形成相持局面，且敌人主力可由崇仁向西南推进"、"现我们意利用目前时机，实行部队轮流改编，以一部活动于崇乐永（淦）地区及宜乐间阻散南袭敌游击部队并赤化筹款，调一部到不受威胁之地改编，这一部编好后，即与前方对换，如此在十五天可将三个军团之五个师及两独立团完全编好"。5 月 16 日，红一方面军总司令发布的命令规定："（一）第一军团应以东沙（永丰属）为中心，分驻藤田、小岭、王家、东沙地区……（二）第三军团应以大湖坪（乐安属）为中心分驻大湖坪、葛陂、罗田、罗背（陂）街东北地区……(三)第五军团应以善和(乐安属)为中心(主力驻善和),如善和驻地不敷分配时,可以一部进驻潺(参)陂,向刘(流坑)及梅林通增田方向"。当时,红一方面军总司令部驻善和。至此,整编正式开始。

红三军团在大湖坪进行整编,由军团直辖第四、第五、第六3个师,每师编3个团,每团编3个营,每营编3个步兵连,1个机枪连。经过整编,红三军团首长不变,彭德怀任军团长,滕代远任政治委员,袁国平任政治部主任,邓萍任参谋长。下辖第四师:师长张锡龙、政委彭雪枫;第五师:师长寻淮洲、政委乐少华;第六师:师长洪超、政委陈阿金。大湖坪整编后,红三军团和第十九师于7月1日奉命组成东方军入闽作战。同日东方军主力红三军团第四、第五师和军团直属队共1万多人,在大湖坪举行了东征誓师大会。周恩来、彭德怀等领导人作了动员报告。誓师后,部队向福建进军。

共产党十大政纲

大夫世第红军标语

标语简介:

大夫世第位于东山村,隔池塘与"景烈公祠"相望,乾隆年间由王朵荣修建。该屋坐西向东,硬山顶屋面,穿斗式结构,面阔 12.8 米,进深 36.8 米,总面积 471 平方米。院门为四柱三间三楼式砖牌楼门,石楣上嵌墨书"大夫世第"四字。在大夫世第内保存有红军用毛笔书写的标语 12 幅,大多字迹模糊,从内容分析,这些标语是多个时期留下的。

背景资料:

二十九路士兵华北抗日(长城抗战)是九一八事变后中国军队在华北进行的第一次较大规模的抗击日本侵略者的战役。1933 年 3 月至 5 月,由原西北军改编的 29 军并部分国民党中央军,在长城的义院口、冷口、喜峰口、古北口等地,抗击侵华日军进攻。在这次战役中,广大爱国官兵,进行了近三个月的战斗,给骄横一时的日军以沉重的打击,做出了重大的牺牲,阻止并延缓了日本军事侵略华北的进程,激发了全国人民抗日救亡运动的高涨。

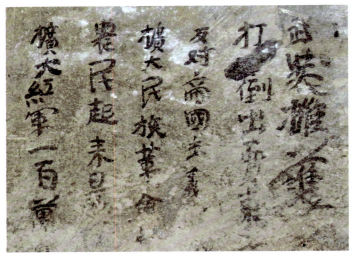

武装拥护苏维埃，打倒出卖东北的国民党，反对帝国主义瓜分中国，扩大民族革命，农民起来□□，扩大红军一百万

欢迎白军士兵来当红军，二十九路士兵华北抗日，国民党在南京卖国。

白军士兵是工农□□，欢迎白军士兵拖□□，欢迎白军士兵□□□，打倒帝国主义□□□，打倒日本帝国主义□□，农民起来□□□，扩大红军□□……

实行赤色戒严……

帮助红军带路,替红军送消息,帮助红军买粮食,勇
敢坚决工农来当红军……

要打倒□□□□□□，首先
□□□□□□□□……

夺取南昌武汉□□□国主义□□□□□
□苏维埃□□□□□□对□□□□□□

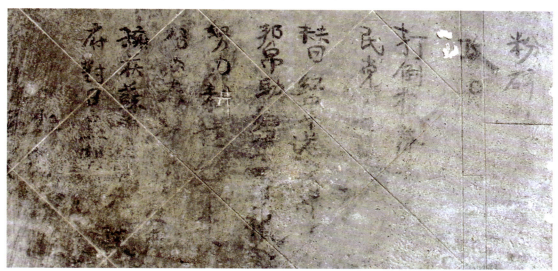

　　打倒投降帝国主义的国民党,替红军带路,帮助红军买粮食,努力耕种红军公田,努力春□□□□□□拥护苏维埃政府对日宣战。

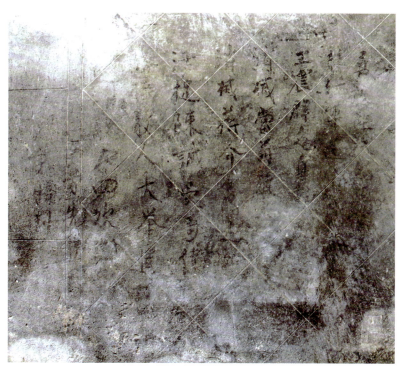

　　勇敢坚决的工农来当红军,替红军送消息,工农群众自动起来当红军,消灭当敌人,消灭蒋介石的主力部队,活捉陈诚吴奇伟,粉碎敌人大举进攻,粉碎敌人四次围剿。……

反对白军拉伕。士兵不打士兵。红军不拉伕。红军(装)

反对白军压迫农民造马路。消灭蒋介石的主力部队。红军苏

打倒阻碍□□□主义□□作战的国民党，反对帝国主义瓜分中国，反对国民党士兵修马路，打倒国民党……

欢迎白军士兵来扩大红军

伟佐两先生祠红军标语

标语简介：

伟佐两先生祠位于塅上村委会第八村小组,户主王宗耀。建于清朝中晚期,坐北朝南,硬山顶屋面,穿斗式结构,面积230平方米。1933年5月,红军在宅内墙壁上书写了大量红军标语并绘有一幅漫画。

背景资料：

AB团　第一次国共合作时期,共产党帮助国民党在江西建立党组织。因此在国民党江西省党部中共产党员和国民党左派占有优势。1926年11月8日,北伐军攻克南昌。蒋介石发现江西的国民党省、市党部,完全由共产党员"把持党务"。于是蒋介石指示国民党中央特派员段锡朋组织AB团,与共产党和国民党左派进行激烈的争夺,夺得江西省国民党党部的领导权。1927年4月2日,发生了针对江西省国民党党部的四·二暴动,AB团随后垮台。但其影响并未结束。此后数年,共产党在中央苏区开展一系列的反AB团运动,并因此导致肃反扩大化。

漫画为第四次反"围剿"战役中黄陂大捷红军围歼敌 52 师，
击毙师长李明的场景。

武装拥护苏联，打倒国民党，完成江西首先胜利，拥护中国共产党，世界
革命成功万岁，拥护中央政府，打倒国民政府。五军团野战医院(宣)

白军士兵来当红军，红军不打人，我们红军是要打土豪的，
我们不打白军弟兄。五师十三团第一营第一连一排二班宣

最近中央局提出一个口号是
目前要创造一百万红军，这是非常
正确的

反对帝国主义瓜分中国，武装保护苏联

红军是打倒帝国主义，红军是打国民党，无产阶级当排□□□，我们本连四个同志非常努力以□□□□，中国有红军　五师十三团第一营第一连

打倒出卖民族利益的国民党，打倒屠杀工农的国民党，打倒投降帝国主义的国民党，打倒卖国的国民党。中国工农红军第六师。共产党青年团打土豪分田地胜利万岁，打倒国民党政治(肖青)AB团

炽光先生祠红军标语

标语简介：

炽光先生祠位于塅上村"辰诗叙"宅旁。建于清道光二十五年，是为纪念王文熹所建。王文熹，字炽光，清赠儒林郎。该祠为前置院落中带天井二进硬山顶建筑，坐东向西，平面呈纵向长方形，面阔12.75米，进深24.40米，建筑面积311平方米。正门为四柱三间三楼石制牌楼门，门上雕有飞禽、瑞兽、花草、博古、海水纹及戏剧故事等图案，线条优美流畅，技艺精湛。祠内石灰粉刷的墙壁上，现保存红军用毛笔书写的7幅标语，时间从1932年到1933年。

背景资料：

中国工农红军三军团六师十八团六师即兴国模范师。此时十八团团长为李寿轩。1934年11月30日，中央红军主力渡过湘江，六师第18团和红5军团第34师作为全军后卫，在湘江以东陷入了广西军阀8个整编师的重重包围。第18团在陈家背被敌人3个师包围，血战一天，弹尽粮绝，大部分壮烈牺牲。

炽光先生祠外景

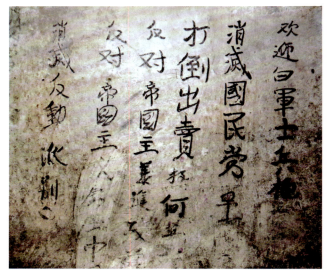

欢迎白军士兵拖□□□□□,消灭国民党□□,打倒出卖□□□□□,反对帝国主义进攻苏联,反对帝国主义镇压中国,消灭反动派别。

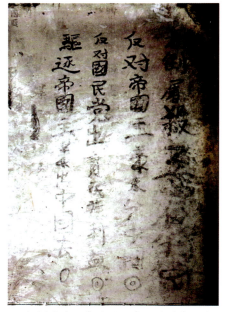

打倒屠杀工农的国民党。反对帝国主义瓜分中国。反对国民党出卖民族利益。驱逐帝国主义出中国去。

彻底粉碎敌人四次围剿与大举进攻。

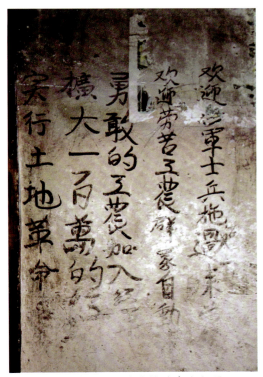

打倒帝国主义扩大红军。拥护中国工农红军三军团六师十八团一营三连三排六班

炽光先生祠红军标语

欢迎白军士兵拖枪过来当红军。欢迎劳苦工农群众自动来当红军。勇敢的工农加入红军。扩大一百万的红军。实行土地革命

青年工农不夜工及有害身体的工作。青年工农组织少年队参加土地革命。青年团是无产阶级先进性的组织。红利□宣

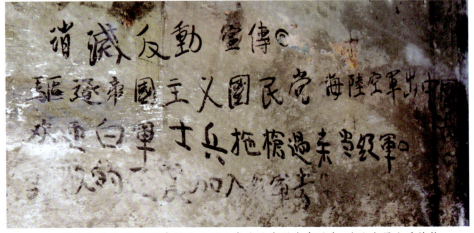

消灭反动宣传。驱逐帝国主义国民党海陆空军出中国去。欢迎白军士兵拖枪过来当红军。勇敢的工农加入红军去

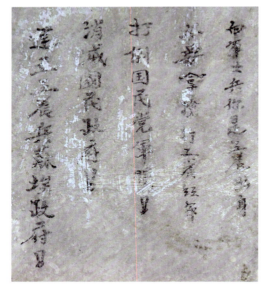

白军士兵你是工农出身不要拿枪打工农红军。打倒国民党军阀！消灭国民政府！建立工农兵苏维埃政府！

打倒帝国主义…建立工农兵的苏维埃政权是唯一出路，拥护苏维埃□□□□拥护中央政府的土地革命。□□苏维埃中央一切□□□□，中国工农兵苏维埃□□□红利/政宣

湖坪墩上村王发生民居红军标语

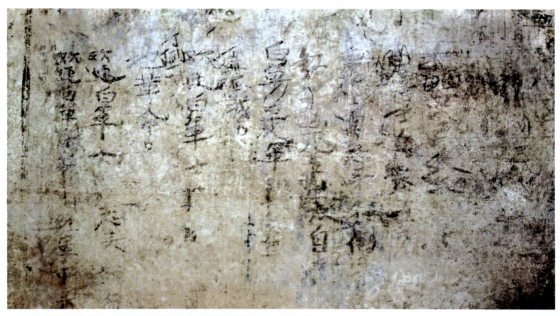

红军□□□□，白军是军□□□，打倒□□□□，欢迎白军
□□□□地革命。欢迎白军士□□□起来。欢迎白军士兵□
□红军中来。

彻底消灭国民党统治彻底(消灭)国民党军阀。
农□□□□拥护□□□□□

打倒日本帝国主义进工中
华。打倒帝国主义国民党军阀

275

鹤立山心红军标语

标语简介：

鹤立山心红军标语位于乐安县湖坪乡鹤立村委会山心村小组黄大关生民居内。

国民党是帝国主义瓜分中国的清道夫，是全中国民众的死敌，打倒地主资产阶级的国民党，打倒屠杀中国民众的日本与一切帝国主义。欢迎白军士兵来当红军。红军/政（宣）

卫生是保障康健的第一良药！全中国在帝国主义国民党统治下的工农弟□□全苏区的工农民众同你□□阶级的而战斗着，白区与苏区□□劳苦民众们一致联合起来，反对□□义国民党的屠杀，打倒帝国主义与国民党，中国工农兵群众的大联合万岁，打倒屠杀中国民众的日本与一切帝国主义，扩大红军一百万。

打倒帝国主义与国民党。创造一百万铁的红军。扩大……。健全我们身体。粉碎敌人大举进攻。辣椒会害肠胃病

云下红军标语

标语简介：

　　云下红军标语位于乐安县湖坪乡中村云下村小组，标语建筑有 2 处，1 处是秀提西山民居，1 处是奎光流彩民居，标语内容均是成立少共国际师的有关内容，书写时间约为 1933 年 6 月至 8 月。标语用毛笔书写于建筑的清水砖墙和石门框上。

打倒帝国主义国民党统治！

欢迎苏区青年工农加入少共国际师！

1. 反对帝国主义进攻苏联。2.反对帝国主义瓜分中国。3.反对帝国主义屠杀工农劳苦群众。4.反对国民党勾结帝国主义。5.反对国民党出卖民族利益。6.反对国民党屠杀工农劳苦群众。7.反对国民党出卖华北。8.拥护少共中央局号召创造少共国际师。9.坚决勇敢的青年工农群众加入少共国际师反对国民党。10.拥护少共国际师。红军/努力肃反(一连)

1.全体青年□□2.模范少先队□□3.加入少共国际师□□国兴□□4.欢迎苏区全□青年工农武装□□5.欢迎少先队加入少共国际师全部粉碎敌人四□□6.欢迎苏区青年工农加入少共国际师争取江西首先胜利！7.加入少共国际师，少共国际师万岁！8.拥护中国共产党，共产党万岁！9.拥护中国共产青年团，共产青年团万岁！10.拥护第三国际，第三国际万岁！11.中华苏维埃共和国万岁！12.世界革命成功万岁！红军/努力肃反(一)宣

1.拥护少共中央局号召创造少共国际师！2.坚决勇敢的青年工农群众加入少共国际师！3.加入少共国际师反对帝国主义进攻平津！4.加入少共国际师反对国民党出卖华北！5.加入少共国际师反对帝国主义国民党屠杀反帝群众！6.拥护少共国际师的号召扩大铁的红军一百万！7.拥护少共国际师打倒卖国的国民党！8.加入少共国际师，保障分田胜利！

云下村秀提西山民居红军标语

发展苏维埃区域，
加入少共国际

欢迎苏区青年工农加
入少共国际师□□□□□

奎光流彩民居标语内容：

拥护少共中央局，创造少共国际师打倒帝国主义

苏区青年工农加入少共国际。青年工农全体加入少共国际直接与帝国主义□□

云下村奎光流彩民居红军标语

背景资料：

少共国际师 1933年5月中旬，红一方面军总部驻地乐安县谷岗举行的全军青年工作会议上，红军总政治部当即向中央提出了建立"少共国际师"的建议。5月20日，中国共产主义青年团中央局正式做出《关于创立少共国际师的决定》，决定"由江西征调四千，福建征调两千，闽赣征调二千，到今年'八一'节为止，完成'少共国际师'"。1933年8月5日，"少共国际师"在博生（今宁都）县跑马场成立，师长陈光和政委冯文彬。11月，吴高群和肖华接任师长和政委。少共国际师成立后编入红五军团，投入第五次反"围剿"战役，在将军殿、团村、大脑寨、驿前、广昌、石城等地，进行过几十次战斗，持续一年多的激烈战斗，部队伤亡严重，由成立时的八九千人锐减至不到三千人。1934年5月15日，军委电令"少共国际师"（红15师）改隶红1军团领导。

1935年2月9日，中央红军长征转移到云南扎西。2月10日，中革军委主席朱德，副主席周恩来、王稼祥签署《关于各军团缩编的命令》，全军进行整编。其中，包括"撤销红军第1军团第15师，人员分别编入红军第1、第2师"。至此，"少共国际师"撤编。

前山红军标语

标语简介：

前山红军标语位于乐安县湖坪乡中村前山村小组袁汉兴民居内。标语是用毛笔书写于建筑内石灰粉刷的墙壁上。

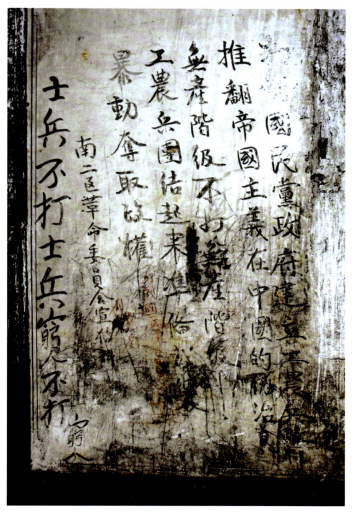

打倒国民党政府建立工农兵政府。推翻帝国主义在中国的统治。无产阶级不打无产阶级。工农兵团结起来准备武装暴动夺取政权。穷人不打穷人，士兵不打士兵。南二区革命委员会宣传科

欢迎白军士兵下级官长来当红军,欢迎白军士兵打土豪分田地。国民党就是刮民国。穷人不打穷人,士兵不打士兵。二区特务队宣

共产党是无产阶级……白军是土豪劣绅的走狗。红军是工人农民的先锋队。南二区赤卫队宣传

善和红军标语

标语简介：

善和红军标语位于乐安县湖坪乡善和村，西北距湖坪乡政府直线距离5公里。1933年6月红一方面军大湖坪整编时，司令部设在善和，红军总司令朱德携夫人康克清居住在庵下景隆公祠。标语位于善和村新屋下村小组兴龙五公祠(道祥公祠)内，建筑面积154平方米。标语用毛笔书写于建筑内门廊两侧石灰粉刷的墙面上。

背景资料：

庵下朱德旧居　　庵下朱德旧居位于湖坪乡善和村庵下村小组。原名"景隆公祠"，始建于清光绪三十一年(1905年)，由国学生罗会同所建。据三十年代任苏区妇女主任陈桂莲回忆：一九三三年中央红军粉碎国民党"第四次围剿"后，朱德率红一方面总部驻扎在善和村进行了历史上有名的"大湖坪整编"。在此期间，朱德、康克清居住在"景隆公祠"。该祠为单进硬山式建筑。坐西向东。平面略呈纵向长方形，通面阔11.1米，通进深13.1米。明间两缝梁架用到顶砖墙代替，厅堂后宝壁上方悬木匾一块(行书阴刻"务本堂"，左侧阳刻：大清光绪乙巳三十一年秋月吉立)。该祠保存完整，祠内至今还保存了朱德用过的木床、饭桌、凳子等。

善和整编　　善和整编又称红五军团整编1933年6月7日，以项英为首的中央革命军事委员会(以下简称"中革军委")，下达了《关于改编红一方面军所属的独立军团的通令》，强调"照中国工农红军新编制，一律改编"。奉中革军委的命令，第五军团，由董振堂、朱瑞率领，驻乐安善和中村等地，分别进行整编。红一方面军总司令朱德，随总部驻善和中村庵下屋。整编后的红五军团，军团长：董振堂、政委朱瑞、参谋长陈伯钧、政治部主任刘伯坚。下辖三个师：第13师：师长李青云，政委宋任穷；第14师：师长程子华，政委朱良才；第34师：师长周子昆，政委曾日三。

中国共产党十大政纲(内容见前文)

善和红军标语

①白军士兵是工农出身不要替军阀杀工农②白军士兵只有暴动起来,杀尽压迫你们的官长③白军士兵拖枪过来当红军④打倒出卖民族利益的国民党⑤优待白军俘虏。扩大铁的红军一百万。□上苏区劳苦工农群众动员起来

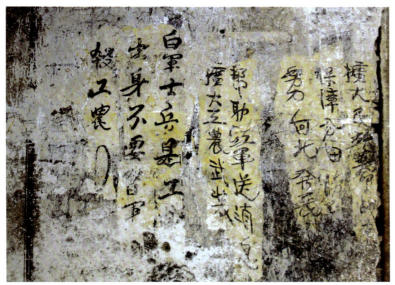

扩大民族革命战争。保障分田胜利。努力向北发展。帮助红军送消息。扩大工农武装。白军士兵是工农出身不要替军阀杀工农！

活捉陈罗吴！夺取抚州南昌！实行进攻路线！红军天政宣23/7。活捉陈诚罗卓英（"陈罗吴"即：陈诚、罗卓英、吴奇伟）。

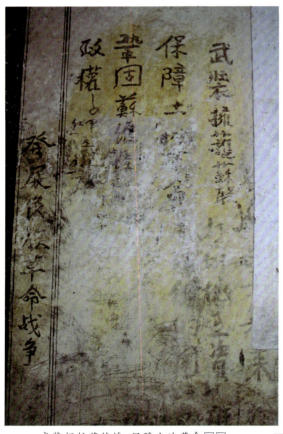

武装拥护苏维埃，保障土地革命□□，
巩固苏维埃政权。红军天（宣）23/7

打倒出卖中国的国民党。努力春耕消灭荒田！
努力耕种红军公田

黎 川 县

土地革命战争时期，黎川县是红一方面军总部所在地、红七军团创建地、中央苏区闽赣省政府驻地，是中央苏区的基本区域，为全苏县。该县现有国土面积 1728.56 平方公里。

1931 年 6 月，成立黎川县临时革命委员会，隶属江西省苏维埃政府。1932 年 12 月，成立黎川县革命委员会，隶属江西省苏维埃政府。1933 年 4 月，成立黎川县苏维埃政府，5 月黎川县苏维埃政府划属闽赣省苏维埃政府。1933 年 7 月，在黎川、光泽、邵武 3 县边界地区建立了中共东方县委，隶属闽赣省委，同时成立县苏维埃政府；8 月，在黎川、南城、资溪 3 县交界地区设建东县，同时成立县苏维埃政府；1934 年 1 月，在黎川、建宁、泰宁边界地区建立中共黎南县委和县苏维埃政府。

1931 年 6 月，红军攻克黎川县城。1932 年冬，红一方面军总部设立在县城篁竹街。在此前后，红一、红三、红五、红七军团频繁在域内驻扎、战斗。1932 年 12 月，红一方面军誓师阅兵大会在县城召开。1933 年 6 月，组建红七军团。域内发生的重大党史事件和重要战斗有：洵口战斗、团村战斗、资溪桥战斗，红军总部团以上干部会议、黎川整编(撤销军的建制)。

毛泽东、周恩来、朱德、彭德怀、刘伯承、叶剑英、聂荣臻、杨尚昆、王稼祥、肖劲光、罗瑞卿、粟裕、黄克诚、毛泽民、袁国平、顾作霖等人都在黎川指挥过战斗。

红军在黎川战斗期间，留下的宣传标语，在县内各乡镇均有分布，域内现存红军标语 136 条(幅)。

黎家村红军标语

标语简介：

黎家村红军标语位于黎川县德胜镇黎明村委黎家村小组村民黎水木老屋内，建筑为清代晚期建筑，砖木结构，保存一般，占地149平方米。标语书写于建筑内竹夹泥板壁上，白底黑字，现存标语11条（幅），均为1933年第五次反"围剿"团村战斗时期，红军主力部队书写。

背景资料：

团村战斗　1933年12月12日-14日，蒋介石为隔断江西红军主力与福建十九路军的联系，保障其进攻十九路军的侧翼安全，以一个师守黎川，三个师由陈诚率领向德胜关（福建江西交界）推进。当时，红三军团司令彭德怀的指挥所设在黎川县城通往德胜关大路之间团村的一座高山----撮斗寨山头上。国民党军人以3万多兵力向该地区发起猛烈进攻。红三军团一部在彭德怀指挥下，英勇善战，不怕牺牲，仅以国民党军三分之一的兵力，一举击溃国民党军12个团，国民党军慌忙向黎川城溃逃。此战红军以一万二千人，击溃三万余敌，仗虽打胜，俘虏不及千人，只算是打了一个击溃仗。

推翻国民党统治建立苏维埃政权！
红军联宣

白军士兵要使家里妻子老母有饭吃只有武装暴动起来实行土地革命！红军联宣

欢迎靖卫团士兵实行土地革命回家分田。红军联宣

优待白军俘虏兵医治白军伤病兵。红军联宣

白军士兵暴动起来，杀掉反动官长，将白军
变化红军！红军联宣

白军士兵拖枪到红军中来！士兵组织士兵会！
红军联宣

白军士兵不要上前线打仗，不要替军阀当炮灰！
红军联宣

白军士兵要向官长算清欠饷！红军联宣

白军士兵是工农出身不要拿枪替军阀屠杀工农！

红军联宣

欢迎白军弟兄来当红军！红军联宣

资福红军标语

标语简介：

资福红军标语位于黎川县荷源乡资福村，现存标语 3 处，每处 1 条红军标语，分别书写于下街村小组六祠堂、杨楼下民房及余家炉村小组民房。

资福村原称资溪桥村，处于黎川县与南城县交界处，为战略要地。1933 年 10 月，彭德怀率红三军团在此阻击国民党军进攻中央苏区。

背景资料：

资溪桥战斗　资溪桥位于南城硝石东南、黎川之北（新中国成立后改名为资福桥）。1933 年 10 月红军连日强攻硝石未果，被迫撤出战斗。在这种情况下，"左"倾冒险主义者仍命令红军插到敌军堡垒地域间隙中去消灭敌人，并准备在资溪桥地区同敌军决战。但国民党军凭借坚固的工事，红军历时 4 天，仍未能占领潭头市和资溪桥，也未能牵动敌人，自身却减员过半。26 日，不得不放弃在资溪桥地区与敌决战的计划。

资福红军标语

白军士兵要向红军投降……
资福村下街村小组六祠堂红军标语

资福红军标语

欢迎白军(是)士兵和下级官长来当红军！

红一联丙(一)宣

资福村下街村小组杨楼下民居红军标语

打倒压迫士兵的白军官长！红军……

资福村余家炉村小组民居红军标语

香炉山红军标语

标语简介：

　　香炉山红军标语位于黎川县洵口镇下寨村香炉山村小组一处民房，该民房建于民国初年，为地方性建筑，俗称"开门厅"，悬山顶屋面，木板加竹夹泥外墙，占地约200平方米。标语书写于外墙的竹夹泥板壁上，白底黑字，现存标语2条，时间为1933年下半年。

背景资料：

　　红六师　红六师隶属红三军团，1933年6月中旬，红三军团在乐安湖坪进行整编，根据中革军委命令，这次整编取消了军，师编为团，小团编为营，整编后红三军团下辖第4、5、6师，其中兴国模范师整编为红三军团第六师。7月，中革军委下令红三军团第4、5师组成东方军进军福建，第六师继续留在湖坪整编，8月归建，9月底随军团回黎川进行洵口战斗。

香炉山红军标语

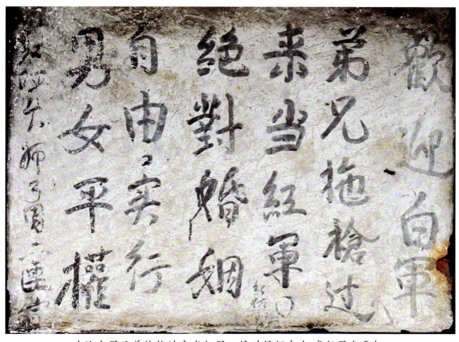

欢迎白军兄弟拖枪过来当红军。绝对婚姻自由,实行男女平权。

红军六师三团二连宣

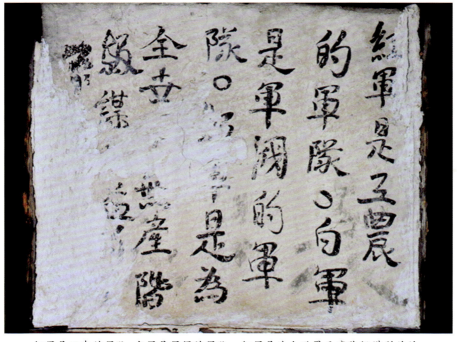

红军是工农的军队,白军是军阀的军队。红军是为全世界无产阶级谋利益的。

莲塘红军标语

标语简介:

    莲塘红军标语位于黎川县洵口镇石莲村莲塘村小组,标语所在建筑原为一处大宅院,因年久失修,现只余外围门房,标语书写在外八字大门右侧竹夹泥板壁上,白底黑字,现存标语1条(幅),时间在1933年下半年。

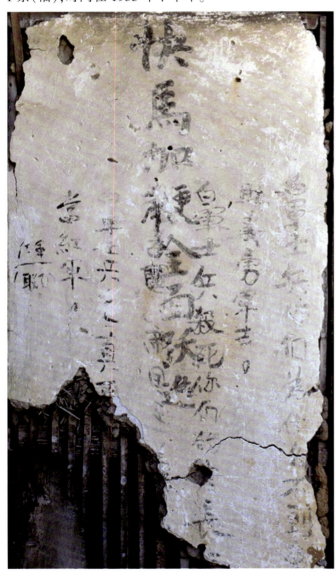

白军士兵你们为什么不到东北……助义勇军去?

白军士兵杀死你们的官长……

白军士兵……当红军。红军(联乙)

背景资料：

　　洵口战斗　1933年9月，蒋介石纠集100万兵力结中央苏区和各根据地进行第五次大规模"围剿"，其中50万兵力用于围攻中央苏区。9月25日，国民党军以北路军3个师由南城硝石向黎川发动进攻，开始了对中央苏区的第五次"围剿"。28日，敌周浑元部攻占中央根据地的北面门户黎川。博古、李德等人严令已入闽作战的东方军（辖红军第三团第四师、第五师和红军第七军团第十九师）回师御敌。已攻占黎川县城的国民党中央军陈诚部第八纵队司令周浑元，根据情报得知洵口地区有红军千余人，于是命令第六师第十八旅旅长葛钟山率部攻打洵口。10月5日晨，葛钟山指挥的先头部队第三十四团占领洵口后，向湖坊、飞鸢方向进发，与从泰宁回师援赣的红三军团遭遇。当夜彭德怀与腾远根据敌情变化，面对敌兵力态势，当机立断，决定停止向硝石进发，集中优势兵力，立即消灭洵口敌人。10月7日晨，中央纵队向洵口敌人发起总攻，激战到上午10时，红军完全占领了洵口，葛钟山统率的三个团，除第三十团一个营据守山岭土寨、负隅顽抗外，其余全部被歼，旅长葛钟山被活捉。

八都红军标语

标语简介:

八都红军标语位于黎川县日峰镇八都村朱家老屋,该建筑建于清末,硬山顶穿斗式建筑,面积 260 平方米。标语书写于建筑内木板壁和竹夹泥墙上,毛笔书写,现存标语 8 条,内容为:

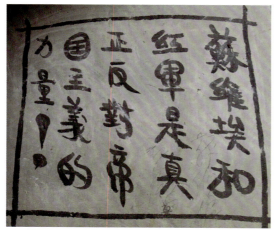

苏维埃和红军是真正反对帝国主义的力量

打到不准士兵抗日反帝的国民党!

欢迎白军弟兄来当红军

反对富农剥削穷人

国民党压迫士兵,共产党解放士兵!

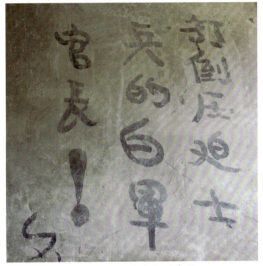

打倒压迫士兵的白军官长

要打倒帝国主义,首先就要打倒投降
帝国主义的国民党军阀!

夺取南昌武汉,直接与帝国主义作战!

中湖红军标语

标语简介：

　　中湖红军标语位于黎川县宏村镇中湖村，共有 4 条标语，3 条用红漆刷写于石月山房民居的外墙清水砖上。另 1 条也是用红漆刷写于许家厅民居石灰粉刷的外墙上，该条标语下部还写有其他标语，但因住家在外墙上开窗户使标语完全破坏而辨识不清。

反对帝国主义瓜分中国！（落款：红军宣）

国民党说他抗日反帝　为什么把东三省送给日本！

白军士兵是工农出身　不要来打工农！

中湖红军标语——石月山房

营心村红军标语

标语简介：

营心村红军标语位于黎川县湖坊乡营心村娄家厅一幢民房，民房是清代建筑，建于清晚期，座北向南，硬山顶，穿斗式结构，砖木材料建造，原为四水归堂式建筑，前半部分拆毁，剩余建筑面阔 28.6 米，进深 8.4 米，面积约 240 平方米。标语书写于建筑的多处部位，如用毛笔书写于正间石灰粉刷的竹夹泥墙壁上、右次间红石门券上，用石灰水刷在后墙清水砖上，用白纸黑字书写贴在阁楼墙壁上。落款有红三军七师二团一连士兵、湖坊肃反主任、湖坊少共区委，从内容分析，这些标语书写于 1932 年至 1934 年期间，多次书写，而且该建筑曾作为湖坊区委机关驻地。现存标语 34 条，漫画 4 幅，多数因年久字迹模糊。

背景资料：

第二次全国苏维埃大会 1934 年 1 月 21 日，中华苏维埃第二次全国代表大会在江西瑞金沙洲坝开幕。2 月 1 日结束。出席代表 700 多人。毛泽东作了《我们的经济政策》和《关心群众生活，注意工作方法》的报告。总结了土地革命和根据地经济建设的经验。会议选举毛泽东等 175 人为中华苏维埃共和国第二届中央执行委员会委员，毛泽东当选为中央执行委员会主席。

欢迎抗日士兵来江西参加□□广暴纪念日的第二次全国苏维埃大会。

共产党十大纲领和红军战斗漫画

欢迎白军士兵拖枪过来当红军

努力扩大地方武装！中共湖坊区

营心村红军标语

十九路军士兵,国民党说他

湖

打倒卖国的国民党。欢迎白军士兵来当红军。
打倒帝国主义。打土豪分田地。打倒国民党。

打倒贪污腐化！湖坊区苏维埃政府成立万岁！
打倒帝国主义！活捉蒋介石何应钦！

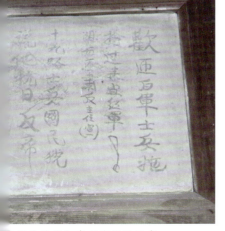

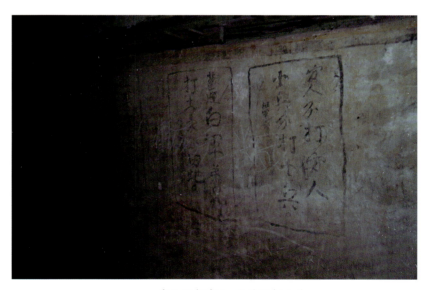

穷人不打穷人，士兵不打士兵。
欢迎白军弟兄打土豪分田地。
红军官长不打士兵，白军官长打士兵。

你们为什么把东三省送给日本。

任宣

闽赣省苏维埃政府旧址红军标语

标语简介：

　　闽赣省苏维埃政府旧址红军标语位于黎川县湖坊乡老街闽赣省苏维埃政府旧址内。旧址原为湖坊村内龚氏民居，占地面积 660 平方米，清代建造，面朝西北背向东南，砖木建造，穿斗式结构，硬山顶屋面，山字式马头墙，砖石地面。政府进行维修后，辟为革命纪念陈列室。1985 年黎川县人民政府发文公布为县级文保单位，1987 年江西省人民政府发文[122]号公布为省级文物保护单位。标语书写于后院照壁墙上。

背景资料：

闽赣省苏维埃政府

　　第二次国内革命战争时期，为使闽赣苏区成为巩固的革命根据地，同时打通中央苏区与闽北苏区的联系，在第四次反"围剿"胜利后，1933 年 4 月，苏区中央局决定成立闽赣省、中央人民委员会根据中央局的决定于 4·26 举行第 40 次常委会上认为"闽赣苏区地方广大，在政治上、军事上均占重要地位"。决议将"建、黎、泰、金、资、光、邵闽北苏区，以及信、抚两河间一带地区划为闽赣省，成立闽赣省革命委员会"。邵式平、顾作霖、余泽鸿、毛泽民、钟世斌、肖劲光、周建屏、黄道、薛子正、方志纯、吴家远(湖坊人湖坊区委书记)等 25 人为省革委员、邵式平为主席。五月上旬，闽赣省工农兵临时代表大会在湖坊召开，正式宣布闽赣省革命委员会成立。闽赣省的建立，标志着闽赣革命根据地的形成。1934 年 5 月，宁(化)清(流)归(化)根据地划归闽赣省领导，闽赣根据地实际由建(宁)黎(川)泰(宁)信(江)抚(河)闽北宁、清、归四块根据地所组成。闽赣省是中央根据地的重要组成部分，是连接赣东北根据地的通道和纽带，是中央根据地的东北大门，战略地位十分重要。闽赣省前后历时两年(1933 年 5 月–1935 年 5 月)面积约为 2 万平方公里，人口一百余万，其区域先后包括现在分区属于福建，江西省两省三明、建阳、抚州、上饶、鹰潭五个地(市)区 21 个县的范围。闽赣革命根据地是中央根据地及围剿的一些重大战斗发生于这个地区。闽赣苏区广大军民为了革命的胜利进行了艰苦卓绝的斗争，做出了重大贡献和巨大的牺牲。

创造铁的红七军团，保障分田胜利。

闽赣省苏维埃政府旧址红军标语

日峰镇潘家大屋红军标语

标语简介:

日峰镇潘家大屋红军标语位于黎川县日峰镇,1932年10月,中央红军总司令部、总政治部由建宁迁入篁竹街。1932年12月30日,在潘家大屋前地势开阔的李树坪上,中国工农红军历史上最大规模的一次阅兵誓师大会在这里举行,红一、三、五军团共7万多指战员和1万多工农群众,接受了中央军委周恩来、朱德等领导的检阅。1933年7月5日,中国工农红军第七军团正式宣告成立,潘家大屋成为红七军团临时总司令部,肖劲光被任命为军团长兼政委。至今,在潘家大屋墙壁上,中国工农红军总政治部当年留下的"共产党十大政纲"等标语,仍墨迹清晰,保存完好。

背景资料:

红七军团 中国工农红军主力部队之一。1933年2月,根据中共中央军委的命令,红十军由江西东北调往中央苏区,改编为红十一军,归红一方面军指挥。6月7日,中央军委发出了《关于改编红第一方面军所属的独立军团的通令》,其中决定将"原十一军改编为红七军团"。7月,红七军团在黎川组建。10月28日,红七军团正式成立,军团长寻淮洲、政治委员萧劲光,下辖第十九师,师长寻淮洲(兼任,后周建屏代)、政治委员萧劲光(兼任,后吕振球代);第二十师,师长李聚奎(后粟裕代)、政治委员李翔梧;第三十四师,师长周子昆(后彭绍辉代)、政治委员谭震林(后程翠林代)。1934年7月6日,为减轻中央苏区所受到的军事压力,红七军团在江西瑞金改编为"北上抗日先遣队",前往闽浙赣苏区,总指挥寻淮洲、政治委员乐少华。10月,在江西贵溪与红十军会合,按中央指示,两部合编为红十军团,继续北上。红七军团改编为第十九师,师长寻淮洲、政委聂洪钧、参谋长王如痴。

中央红军总司令部、总政治部旧址——潘家大屋

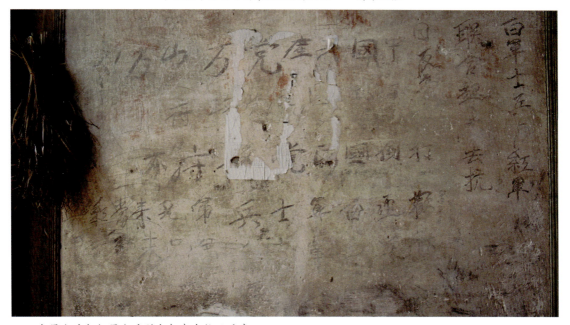

白军士兵与红军士兵联合起来去抗日反帝！

中国共产党万岁！

打倒国民党政府，欢迎白军士兵弟兄来当红军！

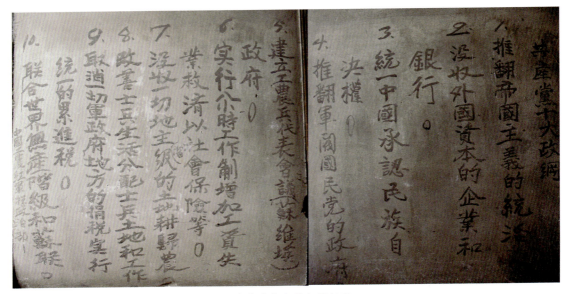

日峰镇潘家大屋红军标语

共产党十大政纲

1.推翻帝国主义的统治。

2.没收外国资本的企业和银行。

3.统一中国承认民族自决权。

4.推翻军阀国民党的政府。

5.建立工农兵代表会议(苏维埃)政府。

6.实行八小时工作制增加工资失业救济以社会保险等。

7.没收一切地主阶级的土地耕归农。

8.改善士兵生活分配士兵土地和工作。

9.取消一切军政府地方的捐税实行统一的累进税。

10.联合世界无产阶级和苏联。

连源村红军标语

标语简介：

连源村红军标语位于黎川县日峰镇连源村 51 号民居,该民居为普通"开门厅"式,建于民国,悬山顶,穿斗式构架,面积约 120 平方米。标语书写于建筑右次间石灰粉刷的竹夹泥外墙上,白底黑字,现存标语 5 条,能辨识清楚的有 4 条。

连源红军标语

打倒不准士兵抗日反帝的国民党！红利政宣

打倒出卖民族利益的国民党！红利政宣

推翻国民党政府，建立苏维埃政府。

拥护中央政府对日宣战！红利政宣

日峰镇刘家大屋红军标语

标语简介：

　　日峰镇刘家大屋红军标语位于黎川县日峰镇肖家巷 17 号，长 29 米、宽 18 米，清代建筑，砖木结构，工艺水平一般，保存现状一般，上世纪 30 年代红军曾在此居住，在大门外墙上留下 3 条(幅)红军标语。

活捉陈诚

扩大铁的红军

打倒帝国主义

推翻国民政府

工农士兵不打士兵

里笼新屋红军标语

标语简介：

　　里笼新屋红军标语位于黎川县龙安镇里笼新屋村 1 幢民居内，该民居建于民国，为普通"开门厅"式，悬山顶，穿斗式构架，面积约 120 平方米，20 世纪 80 年代重新砌过外墙。标语用毛笔书写于建筑的外墙、内墙、门板等多个部位，现存标语 17 幅之多。从标语内容分析，书写年代应该在 1932 年冬。

里笼新屋红军标语

1.欢迎白军士兵来当红军　2.欢迎白军士兵拖枪来当红军　3.活捉白军长官
4.消灭蒋介石主力　5.消灭地主武装　6.粉碎敌人大举进攻　7.打倒屠杀工农
的军阀　8.实行土地革命　9.农民起来打土豪分田地。红军联丙8四宣

国民党说他抗日反帝为什么把东三省送给
日本！欢迎白军士兵来当红军！打倒屠杀工农的
国民党！消灭蒋介石！红军联丙宣

欢迎白军士兵拖枪来当红军。
红军联丙宣

314

欢迎白军士兵拖枪来当红军　白军士兵是工农出身不要来打工农红军。红军联丙2/二宣

白军中官长打骂士兵,红军中反对打人骂人！国民党压迫士兵,共产党解放士兵！焚烧田契借约！消灭靖卫匪团！活捉白军师长！红军联丙8四宣

白军士兵不要上前线替军阀当炮灰！打倒屠杀工农的国民党！反对帝国主义进攻！活捉白军师长！消灭地主武装！红军联丙8四宣

反对国民党进攻真正抗日反帝的苏维埃和红军。国民党说他抗日反帝　为什么屠杀抗日反帝的群众□□□。红军联丙2/二宣

国民党说他抗日反帝为什么把东三省送给日本？

粉碎敌人大举四次围剿。打到抚州南昌去。农民起来实行土地革命。欢迎白军士兵来当红军。红军联丙8四宣

白军士兵你们是工农出身不要打工农

欢迎靖卫团丁起来实行土地革命！欢迎靖卫团丁起来打土豪分田地！欢迎靖卫团丁拖枪过来当红军！替红军送□□□！红军联丙 8/四宣

反对帝国主义瓜分中国，苏维埃与红军是真正反对帝国主义的力量。打倒不准士兵抗日反帝的国民党。红军联丙乙/二宣

打倒屠杀工农的国民党！农民起来打土豪分田地！实行土地革命！活捉蒋介石！国民党压迫士兵，共产党解放士兵！打倒国民党！

国民党说他抗日为什么把东三省送给日本！打倒不准士兵抗日反帝的国民党！白军士兵……抗日反帝……

欢迎白军士兵拖枪过来当红军！白军士兵是工农出身不要替军阀屠杀工农！打倒屠杀工农的国民党！红军联丙8四宣

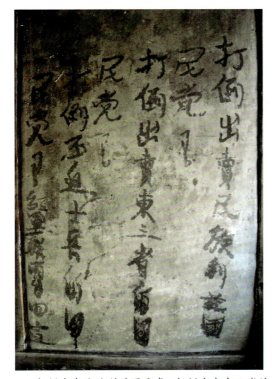

打倒出卖民族利益国民党！打倒出卖东三省的国民党！打倒压迫士兵的国民党！红军联丙8四宣

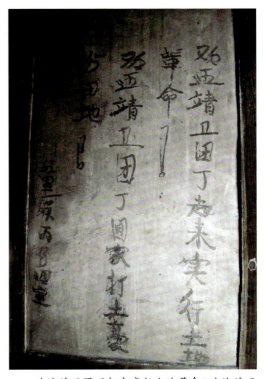

欢迎靖卫团丁起来实行土地革命！欢迎靖卫团丁回家打土豪分田地！红军联丙8四宣

圩尾红军标语

标语简介：

圩尾红军标语位于黎川县龙安镇下村圩尾村小组中 1 幢民房,该民房建于清代末年,硬山顶,穿斗式构架。标语用毛笔书写于建筑内白粉墙上,现存标语 7 幅,从标语内容和落款分析,这些标语是 1931 年红四军在此驻扎时所留。

背景资料：

反对欺骗群众的约法 约法指 1931 年 5 月国民会议通过的《训政时期约法》,以国家"根本大法"的形式,将国民党一党专政的国家政治体制固定下来。会议还通过了一些消灭异己力量和剿灭红军的决议。会议是蒋介石为了粉饰自己的独裁统治,消除西山会议派、改组派联络阎锡山、冯玉祥 1930 年在北平召开的扩大会议影响而召开的。这次会议从法律上巩固了蒋介石的独裁统治,同时又加剧了国民党内部各派系间的争斗。

圩尾红军标语

共产党十大政纲

白军士兵不要受官长欺骗来打自己的红军。□□阶级的工会贫农办贫农团。反对军阀压迫□□,打倒军阀。商人自主做生意！欢迎靖卫团的弟兄回家分田。红军Ⅳ宣

勇敢的贫苦工农红军去。打倒屠杀工农兵的国民党,拥护代表工农兵利益的共产党,拥护共产主义青年团。二期战争打破蒋介石卅万白军的包围。欢迎白军弟兄打土豪分田地。红军Ⅳ宣

(1)不完租不完粮不还债不完税。(2)焚烧田契债契。(3)打土豪分田地。(4)分山分田分地主的房屋，分富农的□□。(5)田要抽多补少，抽肥补瘦。(6)打土豪的谷子，不要钱发给贫农。(7)欢迎被压迫起守望队的弟兄回家分田。(8)办游击队，消灭地主武装。(9)建立工农兵武装，保卫苏维埃政府。

1.二期战争胜利是工农红军团结力量　2.二期战争胜利保障了分田废债　3.二期战争胜利巩固了苏维埃政府　4.二期战争胜利是共产党坚决带领工农红军战斗的结果　5.二期战争胜利是共产党策略正确的结果　红军IV宣

(10)拥护全国苏维埃代表大会。(11)建立中华苏维埃中央政府。(12)反对蒋粤军阀混战。(13)反对欺骗群众的约法。(14)士兵不打士兵，穷人不打穷人。(15)优等白军俘房，医治白军伤兵。红军IV宣

二期战争胜利促进全国□□。国民党指挥卅万白军屠杀工农兵，共产党领导数百万□□□□□□

朱岩村汤家厅红军标语

标语简介：

朱岩红军标语位于江西黎川县熊村镇朱岩村的一栋居民墙壁上，根据标语内容推断书写时间为 1933 年。

背景资料：

十九路军 1930 年 7 月组建，由蒋光鼐为总指挥，蔡廷锴为军长。1932 年"一二八"事变中曾奋起抵抗，重创日本侵略军。曾多次参加对中央苏区的"围剿"。1933 年 11 月，因反对蒋介石的独裁统治，发动福建事变，成立"中华共和国"，不久遭受蒋介石大军镇压，十九路军解体。

朱岩红军标语

打倒压迫士兵的国民党！

十九路军士兵，国民党说他抗日反帝为什么你们自动抗日国民党反骂你们违抗命令！打倒不准士兵抗日反帝的国民党。

国民党说他抗日反帝　为什么把东三省送给日本。

打倒压迫士兵的白军官长。

全体动员起来扩大民族（武装）粉碎敌人的大举进攻！千百万群众到红军中来扩大民族革命！

白军士兵□□出不要来打为工农谋解放的红军！

国民党压迫士兵　共产党解放士兵！

国民党说他抗日反帝　为什么□□抗日反帝的十九路士兵撤退！

准备长期作战收□□□□粉碎□□□□准备一切力量与敌人□□！

工农群众组织自卫军配合红军作战！

储存柴米油盐义务卖给红军　加紧肃反工作　巩固革命的□□！

购买公债交土地税　节省一切□□　□足红军战费！粉碎敌人的大举进攻！朱溪乡少先队□□　宣）

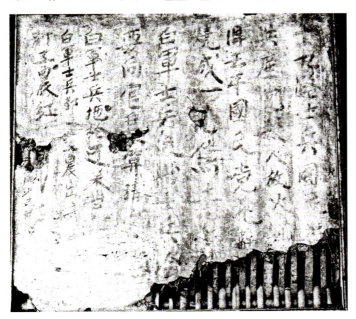

十九路士兵国民党迫害共产党,杀人放火□□□□　得去年国民党□□□□烧成一片焦土

白军士兵组织士兵会　要向官长算清欠饷

白军士兵拖枪过来当红军

白军士兵都是工农出身　不要来打工农红军！

店上紫气东来宅红军标语

标语简介：

　　紫气东来宅位于黎川县樟溪乡老街店上村 19 号，坐北朝南，为一清代民居，二进，门楣石刻行楷"紫气东来"四字，厅堂内柱、围栏、门窗均作精美雕饰，艺术性较强。长 22 米，宽 22 米，占地 484 平方米，外墙上有红军标语，保存较好。

反对帝国主义瓜分中国！红军宣

活捉蒋介石

工农红军是反帝的前锋！红军……宣

中洲德元厅红军标语

标语简介：

德元厅位于黎川县樟溪乡中洲村 20 号，坐北朝南，长 48 米，宽 22 米，占地 1056 平方米，保存一般，为清代建筑，四进厅堂，砖石地面，前有影壁。厅堂内白粉墙壁上用红笔写有多条红军标语。这些标语是 1931 年 6 月，红军在取得第二次反围剿胜利后，进入黎川所写。

背景资料：

国民会议　1931 年 5 月 5 日至 17 日，国民党在南京召开国民会议。会议通过《训政时期约法》，以国家"根本大法"的形式，将国民党一党专政的国家政治体制固定下来。会议还通过了一些消灭异己力量和剿灭红军的决议。会议是蒋介石为了粉饰自己的独裁统治，消除西山会议派、改组派联络阎锡山、冯玉祥等国民党内部反蒋介石集团 1930 年在北平召开的扩大会议影响而召开的。这次会议从法律上巩固了蒋介石的独裁统治，同时又加剧了国民党内部各派系间的争斗。

白军弟兄反对官长欺骗来打自家工农弟兄。反对国民会议欺骗

红军胜利万岁

努力杀敌！共产万岁！

樟溪老街中山花园红军标语

标语简介：

中山花园位于黎川县樟溪乡老街店上村中山花园 64 号，坐北朝南，呈长方形，长 27 米，宽 18 米，占地 486 平方米。1933 年红军在此驻扎时，在屋内白粉墙上书写了 1 幅标语，落款为红军苏查，苏查即苏维埃查田委员会简称

背景资料：

苏维埃查田委员会　　1933 年 1 月，以博古为首的临时中央迁入中央苏区后，立即下令在整个中央苏区开展大规模的查田，把一切冒称"中农""贫农"的地主、富农，完全清查出来，没收地主阶级的一切土地财产，没收富农的土地及多余的耕牛、农具、房屋，分配给过去分田不够的及尚未分到田的工人、贫农、中农，富农则分较坏的劳动份地。县、区、乡三级都分别成立查田委员会。县区两级查田委员会，以苏维埃政府主席、土地部长、工农检察部长、裁判部长、政治保卫局长(或特派员)及其他工作人员组成，以政府主席为主任。乡查田委员会以乡政府主席、乡代表 2 人、贫农团代表 3 人、农业工会代表 1 人、手艺工会代表 1 人、女工农妇代表 1 人和其他工作人员共 11 人组成，以乡苏主席为主任。查田委员会隶属于各级政府之下，专负领导查田运动之责，并须定期举行会议。

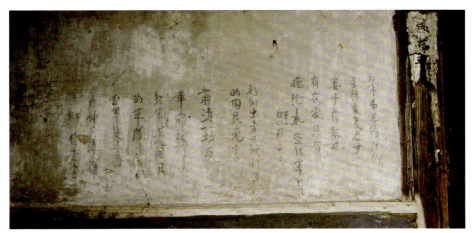

白军弟兄们你们要得家里老母妻子有饱吃、有衣裳，只有拖抢来当红军——红军苏查宣

打倒出卖民族利益的国民党！

肃清一切反革命派！

红军是工人农民的军队！

白军是土豪劣绅的军队！红军苏查宣

上坊雪崖公祠红军标语

标语简介：

上坊雪崖公祠红军标语位于黎川县西城乡梅源村委会上坊村小组，红军用红漆刷写于雪崖公祠正门外墙上。此标语是 1934 年初第五次反"围剿"时期红十四师在西城反击国民党军向南推进时所留。

背景资料：

红十四师 1933 年 6 月，中革军委对红一方面军进行整编。将博生、胜利、石城等县的模范师、团及其他地方武装组织改编为第十四师。师长兼政委卢寿椿，不久即由程子华接任师长、政委为朱良才。初隶属红五军团，10 月隶属红九军团。1934 年在 1、2 月间的南丰鸡公山、三甲嶂战斗中，红十四师在西城乡一线进行游击，牵制国民党军。1934 年 4 月，红十四师在师长张宗逊、政委朱良才率领下参加广昌保卫战期间损失惨重，战役后全师只剩下几百人，随即被撤销番号。

标语内容：武装拥护苏联！帮助红军消灭白军！
自身的民众一律保护十四师当政！红军利政

洲湖村红军标语

标语简介：

  洲湖村位于黎川县华山垦殖场，距黎川县城东北40余公里，是省级历史文化名村。1932年12月，国民党在结束了对鄂豫皖、湘鄂西的第四次"围剿"后，调集了近40万兵力，分左、中、右三路，采用"分进合击"的战术，向红一方面军和中央根据地发动了第四次"围剿"。红军为夺取反"围剿"胜利，于次年1月发动了建(宁)黎(川)泰(宁)战役。战役期间，红一方面军在洲湖驻扎。第四次反"围剿"胜利后，中央决定成立闽赣省苏维埃政府，政府成立前期的准备工作是在洲湖村开展的，闽赣省的主要领导人都在洲湖居住过。此期间，红军在洲湖留下了众多的红军标语，分布于"革命厅"民居、外屋厅民居、大夫第民居。

背景资料：

  建黎泰战役 1932年10月14日，红一方面军决定在敌人尚未完成对中央苏区第四次"围剿"部署前，以广昌东北为出击点，"出敌不意迅速而同时地消灭建宁、泰宁、黎川的敌人，从而占领其地域"，并赤化宁化、泰宁、广昌之间的一片地区，打通与赣东北的交通。根据这个决定，10月16日，红一方面军从广昌出发，向建(宁)黎(川)泰(宁)地区进军。18日，红三军团占领黎川县城，敌守军第24师许克祥部闻风逃至南城。同日红军又攻克建宁，击溃新编第四旅周志群部1个团，余部向泰宁退却。19日，红五军团攻克泰宁，周志群部再向邵武、将乐溃退。22日，红军和地方武装乘胜扩大战果，相继攻克将乐、邵武、顺昌、资溪、清流、归化、连城。此后，敌第8师及第22、24师各1旅向黎川反扑。红军为诱歼该敌，主动撤出黎川。11月1日，红军在南丰以东击溃向黎川东进之敌。3日，红军再占黎川。此次战役，红军歼国民党军1个多团，击溃2个团，占领10个县城，扩大苏区数百里，打通了中央苏区与闽北苏区的联系。

"革命厅"民居红军标语

标语简介：

    "革命厅"民居红军标语位于洲湖村西北部,该民居坐西向东,由3栋三进式清代建筑组成,江西地方特色民居,硬山顶,穿斗式构架,方砖地面。面宽55米,进深56米,含前院占地面积约3400平方米。1933年,毛泽民等闽赣省政府领导人在此居住过。标语书写于建筑外院墙及内部石灰粉刷的竹夹泥白板壁上,外墙标语用石灰或红漆刷写于清水墙上,内墙标语用毛笔书写,整座建筑共发现红军标语11处、40余条。

推翻国民党统治,建立苏维埃政权。

抗日反帝为什么把东三省送给日本?

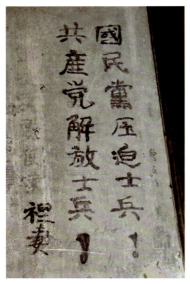

国民党压迫士兵！共产党解放士兵！

白军士兵要使家里妻儿老母有饭吃，必须暴动起来实行土地革命。红军联乙五宣

欢迎白军弟兄来当红军。医治白军伤兵。武装拥护苏联，打倒帝国主义。

欢迎贫苦工农回家打土豪分田地。消灭地主资产阶级，实行土地革命。

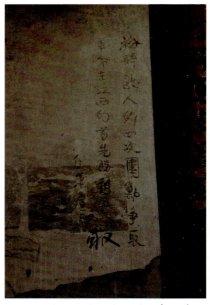

反对帝国主义瓜分中国，欢迎白军弟兄来当红军。

打倒阻碍抗日的国民党。打倒帝国主义。联乙五宣

粉碎敌人的四次围剿，争取革命在江西的首先胜利。红军宣

外屋厅民居红军标语

标语简介：

外屋厅民居红军标语位于洲湖村中部，该民居为清代建筑，坐西向东，三进式江西地方特色民居，硬山顶，穿斗式构架，方砖地面。面宽19米，进深46米，建筑面积约870平方米。标语用毛笔书写于大门左侧石灰粉刷的竹夹泥板壁上，现存标语1条，标语内容为：

红军所以艰难奋战而不溃散，"支部建在连上"是个重要原因。

背景资料：

支部建在连上　"支部建在连上"是中国共产党建党、建军的一项基本原则和制度。1927年9月，毛泽东在湘赣边界发动秋收起义，由于敌我力量悬殊、队伍成分复杂、人员思想混乱等原因，部队遭到严重挫折。在向井冈山进军途中，毛泽东对起义部队进行了"三湾改编"，创造性地提出了"党支部建在连上"的原则，并在湖南酃县（现炎陵县）水口把这一思想进行了具体实施，在部队中第一次实行了班、排建立党小组，连队建立党支部的新制度，规定部队的一切重大问题都要经过党组织集体讨论决定，从而有效解决了党对军队基层的领导问题。

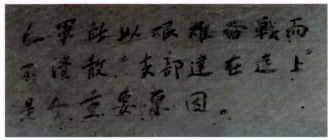

红军所以艰难奋战而不溃散，"支部建在连上"是个重要原因。

大夫第民居红军标语

标语简介：

大夫第民居位于村东南部，是省级文物保护单位。该房屋坐西朝东，东西宽 80 米，南北深 88 米，占地面积约 10 亩，平面结构布局为正厅三进一廊，两旁配有与正厅相通的偏厢，共有大、小天井 30 多个，使全部百余间房自然采光，从屋后北山南瞰，只见古宅如船形逆水向东行驶，周围数座古屋如护卫驱逐，形成建筑群落，宅内天井开阔，厅堂宽敞明亮，门窗钩花烫金，梁椽处处浮雕，连燕子巢都雕成形态各异、栩栩如生的动物，上厅神龛有清代木雕，厅堂有清光绪二十年(公元 1894 年)"文元"木刻匾一块。屋内方砖铺地，房间布局得宜，显示出"大夫第"的设计奇巧，正房一侧均有片房、二片房、三片房拱护、横厅、书房、杂房、工房、厨房、膳房、廊道错落有致，乡人称为"一百〇八间屋"，该房屋系清代黄姓商人仿照黎川钟贤"监司第"建造的"监司第"是清乾隆五十八年(公元 1793 年)探花，侍郎陈希曾及其子军机大臣陈孚恩的私邸，民国年间被毁。该建筑内现存红军标语 4 条，1 条用石灰水刷写在北外墙清水砖上，内容是：粉碎国民党第五次围剿，1 条用石灰水刷写在南外墙清水砖上，内容是：优待白军俘虏兵，另外 2 条用毛笔书写建筑内前进石灰粉刷的竹夹泥板壁上，内容相同，均为：穷人不打穷人，打倒帝国主义。

穷人不打穷人，打倒帝国主义。

粉碎国民党第五次围剿

优待白军俘虏兵

崇 仁 县

　　土地革命战争时期,崇仁县是中央苏区的基本区域,现有国土面积 1520 平方公里,苏区面积占全县总面积的 82.49%。

　　1933 年 5 月,成立县革命委员会,6 月成立县苏维埃政府,隶属江西省苏维埃政府。1934年 6 月,与乐安、宜黄两县部分苏区合并成立乐宜崇县苏维埃政府,仍隶属江西省苏维埃政府。域内发生的重大战斗有:1932 年 12 月和 1933 年 1 月红军先后二次攻克崇仁县城、黍山桥战斗、登仙桥伏击战、手巾坑战斗、东山岭战斗等。

　　周恩来、朱德、王稼祥、彭德怀、林彪、聂荣臻等都在崇仁指挥过战斗。

　　红军在崇仁战斗期间,留下许多宣传标语,主要分布在县境东南部乡镇。域内现存红军标语 248 条(幅)

铁溪村红军标语

标语简介：

铁溪村红军标语位于崇仁县桃源乡铁溪村周姓民宅东外墙上，该建筑面朝东南，面宽10.8米，进深10.2米，高5.8米，建于民国初年，穿斗式构架，马头墙围护，五滴水风火墙。标语用石灰水刷写于建筑东外墙上，离地2米，共1条。据当地老人回忆和从标语内容判断，该红军标语是1933年第五次反"围剿"前期，中国工农红军少共国际师一部途经铁溪村向宜黄、广昌等地挺进，在铁溪村驻扎休整期间留下的。

铁溪村红军标语依存建筑

少年工农红军是少年先锋队

背景资料:

　　少年先锋队　少年先锋队是苏区时期介于共青团和儿童团之间的群众半武装组织。成员是 16 岁至 23 岁之间的劳工青年,是中国工农红军的后备力量。其组织系统自下而上依次为大队部、区队部、县队部、省队部、总队部。中央总队设总队长、党代表、总参谋长、总训练部长各一名,领导全苏区队员活动。中央苏区时期,王盛荣、张爱萍等先后出任过总队长;博古、周恩来先后兼任过党代表。

岔路口村红军标语

标语简介：

岔路口村红军标语位于崇仁县礼陂镇岔路口村村西一幢民房外墙，该民房为悬山顶开门厅建筑，坐东向西，建于民国，原为一向七间，现只余四间，面宽11米，进深5米，标语书写于建筑外竹夹泥板壁上，白底黑字，现存标语16条，能辨识清楚的有两条，据村民回忆，老人们曾讲述过，红军在驻扎，并向村民借门板、楼梯用于攻打宜黄县城。根据老人回忆和标语内容分析，该标语为1932年8月第四次反"围剿"前期宜乐战役时红五军团一部所留。红军拥（五），即"红军拥苏反帝大同盟"（红五军团）简称。

背景资料：

反帝大同盟　全称叫"反对帝国主义大同盟"。是由法国著名作家罗曼·罗兰、苏联作家高尔基和中国的宋庆龄女士等一些著名人士，于1927年2月在比利时首都布鲁塞尔发起成立的一个国际组织。1929年7月，在中国共产党的领导下，该组织首先建立上海反帝大同盟。随即，全国各地也先后建立了反帝大同盟。中华苏维埃中央临时政府成立后，中央苏区各地和红军组织中均成立了反帝拥苏大同盟。大同盟以代表大会为最高权力机构，闭会期间由执行委员会负责日常工作，内设组织、组织、总务、青年等部。1934年红军离开中央苏区后，这一组织消失。

岔路口村红军标语全景

苏维埃设立农村学校,农民不要钱有书读。红军拥(五)

当铺抵押品无代价退还给贫苦工农

胥湾村红军标语

标语简介：

胥湾村红军标语位于崇仁县礼陂镇岔路口村委会胥湾村小组两幢相邻的民房内，一处是位于山坡下的胥湾村 22 号民房，该房屋建于民国初年，悬山顶，穿斗式结构，五开间，砖木材料建造，占地面积约为 150 平方米，标语用毛笔书写于正间内门板上，也是 1932 年 8 月乐宜战役期间红五军团一部途经此地并征借了村民大量楼梯和门板攻打宜黄县城时所留，现存标语 5 条。

背景资料：

乐宜战役　全称乐安、宜黄战役，是中央苏区第四次反"围剿"前期的一次战役。

1932 年 8 月 16 日，红一方面军红一、三、五军团在周恩来、毛泽东、朱德、王稼祥率领下，攻打乐安县城。乐安有第 27 师共 2 个团兵力。林彪为红军攻城总指挥。至 8 月 17 日 12 时，国民党军全线崩溃，红军全歼乐安守敌两个团另一个营，并击落国民党军飞机一架。19 日，红一方面军按原定作战计划，接着进攻宜黄城。守军为第 27 师师长高树勋率两个旅共 4 个团欠 1 个营的兵力，构筑了两道防线，主力守城，分出一部分兵力据守城外工事。攻城的红军总指挥为彭德怀。20 日拂晓，红军对宜黄的攻击开始，直至 21 日凌晨 3 时，红军相继攻入城内，守敌大部被歼，残部在师长高树勋率领下，向东逃窜。红军尾随追击，于 22 日在临川龙骨渡将其大部歼灭。宜黄战斗，共歼灭敌 3 个团。

乐安、宜黄战役是红军一次成功的进攻战，两战两胜，共歼国民党军约 3 个旅，俘敌 5000 余人，击落飞机 1 架，缴获各种枪支 4000 余支。

另一处位于山坡上胥湾村 25 号民房，该房屋建筑形式和建造年代与 21 号民房相同，占地面积 170 平方米，标语用毛笔书写于西间木板壁和西外墙石灰粉刷的竹夹泥壁上，现存标语 15 条。

胥湾村 22 号民居红军标语

反对白军拉伕！（图画）

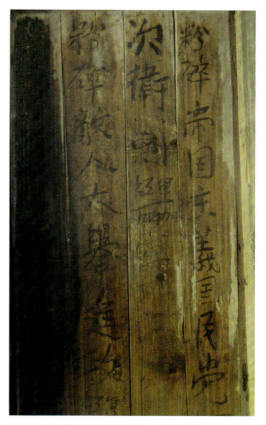

白军士兵是工农出身，不要来打工农红军！

粉碎帝国主义国民党四次围剿！
粉碎敌人的大举进攻！
消灭国民党军阀！
打倒国民党出卖中国！
反对帝国主义瓜分中国！

白军官长打士兵,红军官长不打士兵!
国民党压迫士兵,共产党解放士兵!
白军是国民党的爪牙,红军是工农的军队!
国民党勾结帝国主义,共产党打倒帝国主义!
国民党是帝国主义的清道夫!
打倒出卖民族利益的国民党!
欢迎白军弟兄来当红军!

穷人不打穷人!
欢迎白军弟兄来当红军!
打倒不准士兵抗日反帝的国民党!
国民党是帝国主义的忠实走狗!

胥湾村 25 号民居全景

尧岗村红军标语

标语简介：

尧岗村（又名横岭村）红军标语位于崇仁县相山镇山斜村委会尧下村小组，尧岗村共170余户，1000余人，村民以陈姓为主，占人口80%。标语中很多落款是"红军/正(10)宣"和"红军/正(14)宣"。据村中的村民讲述，中央苏区为应对国民党第四次"围剿"，1933年春，红一方面军在崇仁边沿地区横岭一带集结了主力，驻扎2个多月，红军在尧岗期间，处决了国民党保长李仁宗，开展打土豪，没收土豪财物分给穷苦群众，并在村后龙山挖防空洞30多个。

标语书写于两幢民居中，前后仅隔一小巷。前幢在民房的阁楼粮仓及内墙上，该房屋建于清初年代，房屋砖木结构，占地面积约为200平方米，标语书写年代为1932年至1933年，白底黑字，字迹清晰，共有98条标语。

背景资料：

青工六小时童工四小时工作制　1931年12月1日，中华苏维埃中央临时政府颁布了《中华苏维埃共和国劳动法》。其中第四章规定，所有雇佣劳动者不得每日超过八小时，所有伤害身体健康的工业部门，须减至六小时以下。十六岁至十八岁的青工每日不得超过六小时，十四至十六岁的童工每日不得超过四小时。

靖卫团　国民党政府"剿赤"时期，在江西等地推行保甲制度，令各县、镇建立地方武装，以协助配合军队作战。当时，各地主武装纷纷以"挨户团""还乡团""靖卫团"名义成立，利用熟悉本乡本土的优势，威胁、迫害农民群众，隔绝红军与农民群众的联系，对苏区进行军事抵御和经济封锁。

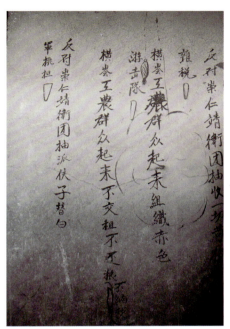

反对崇仁靖卫团抽收一切苛捐杂税！
横岭工农群众起来组织赤色游击队！
横岭工农群众起来不交租……
反对崇仁靖卫团抽派伕子替白军挑担！

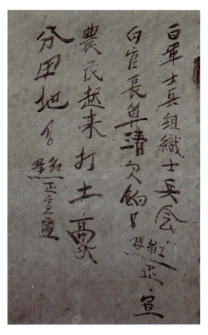

白军士兵组织士兵会，
白官长算清欠银！
农民起来打土豪分田地！

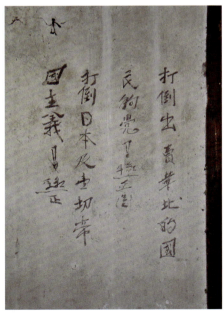

打倒出卖华北的国民狗党！
打倒日本及一切帝国主义！

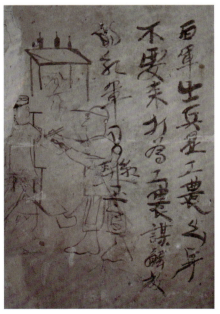

白军士兵是工农出身，不要来打
为工农谋解放的红军！

347

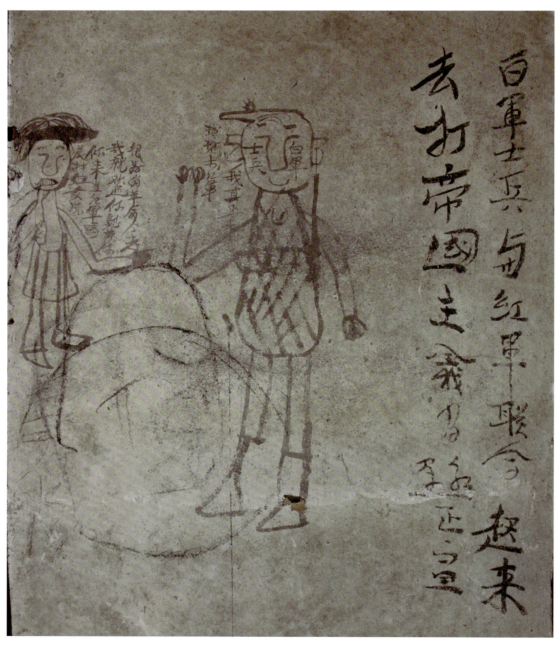

白军士兵与红军联合起来去打帝国主义!

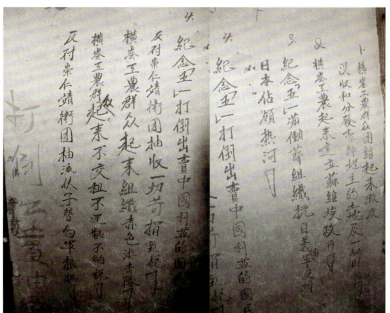

1. 横岭工农群众团结起来彻底没收和分发豪绅地主的土地及一切财产！2.横岭工农起来建立苏维埃政府！3.纪念"五一"劳动节组织抗日义勇军反对日本占领热河！4.纪念"五一"打倒出卖中国利益的国民党！

反对崇仁靖卫团抽取一切苛捐杂税！

横岭工农群众起来组织赤色游击队！

横岭工农群众起来不交租不还粮不纳税！

反对崇仁靖卫团抽派伕子替白军挑担！

白军士兵是工农出身，不要来打工农红军！

打倒压迫士兵的白军官长！

反对白军拉夫！

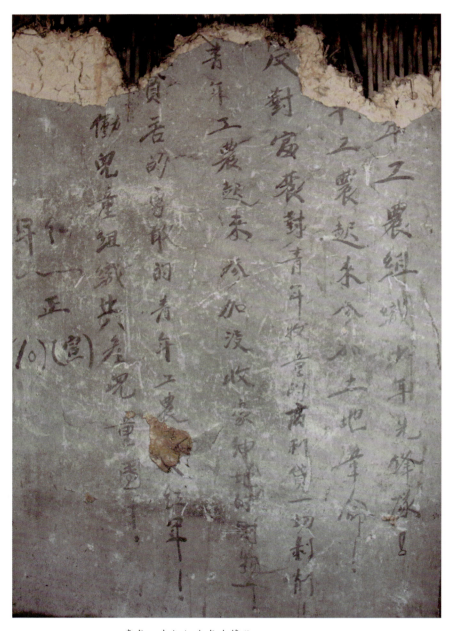

青年工农组织少年先锋队！

青年工农起来参加土地革命！

反对富农对青年牧童的高利贷一切剥削！

青年工农起来参加没收豪绅地主的财物！

贫苦的勇敢的青年工农…红军！

(发)动儿童组织共产儿童团！

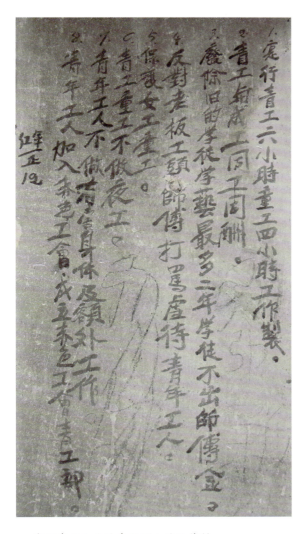

实行青工六小时童工四小时工作制。

青工与成工同工同酬。

废除旧的学徒学艺最多二年学徒不出师傅金。

反对老板工头师傅打骂青年工人。

保护女工童工。

青工童工不做夜工。

青年工人不做有害身体及额外工作。

青年工人加入赤色工会，成立赤色工会青工部。

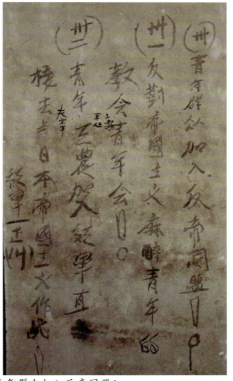

青年群众加入反帝同盟！

反对帝国主义麻醉青年的教会青年会！

青年工农加入红军直接去与日本帝国主义作战！

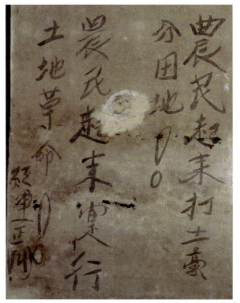

农民起来打土豪分田地！农民起来实行土地革命！

后幢在民房的二楼仓内及内墙上，该房屋建于清朝中期年代，房屋砖木结构，占地面积约为200平方米，标语书写年代为20世纪30年代初，白底黑字，字迹清晰，现存标语43条。

背景资料：

第四次反"围剿" 　1932年12月，国民党赣粤闽边区"剿匪"总司令部调集近40万兵力，准备对中央苏区发动第四次"围剿"。其部署是：以陈诚指挥蒋介石嫡系部队12个师16万余人为中路军，分3个纵队，担任主攻任务。1933年1月底，蒋介石到南昌亲自兼任赣粤闽边区"剿匪"军总司令，指挥这次"围剿"，决定采取"分进合击"的方针，企图将红一方面军主力歼灭于黎川、建宁地区。按照中共中央军委的指令，红一方面军自2月9日起开始主动出击，对南丰发起进攻，然遭到南丰守军陶峙岳第8师的坚决抵抗，红军损失严重，被迫撤围。国民党军得到红军动向消息后，迅速调集中路军主力南下南丰，准备与红军决战。

红军指挥员朱德、彭德怀鉴于敌强我弱，遂令红十一军伪装成为主力部队吸引国军中路军2、3两纵队往黎川地区调动，同时将其余主力部队集结于广昌以西休息待机。陈诚误以为红十一军认作红军主力，命令第1纵队集结于宜黄以南，第2纵队自南丰出击建宁，第3纵队正面进攻黎川，预备将红军包围于黎川加以歼灭。红军在发现国军动向后，抓住第1纵队第52、59两个师与其他部队相隔较远且疏于配合之机，决定由红一军团、红三军团和红二十一军伏击52师，由红五军团和红二十二军伏击59师。2月27日，战役在登仙桥和黄陂相继打响，3月1日，52师和59师全军被歼，师长李明和陈时骥被俘(李明后因伤势过重而死)。3月中旬，陈诚调整军事部署，以第2纵队为前军，以第1纵队余部和第3纵队为后军，向广昌地区进攻。红军则仍然以红十一军伪装主力，摆出保卫广昌的态势。陈诚再次中计，强令前军加速前进包围红军，造成前后两军脱节50公里。3月20日，主力红军在宜黄东陂的草台岗突然袭击后军的第11师，到次日中午，歼灭了11师的主力。在此情况下，国民党军被迫撤出中央苏区，第四次反"围剿"以红军胜利告终。

东北义勇军东北革命的士兵正在同日本帝国主义的大炮飞机血战着,援助东北义勇军,扩大抗日的民族革命战争。

"五一"是全世界无产阶级团结的日子。全世界无产阶级联合起来!

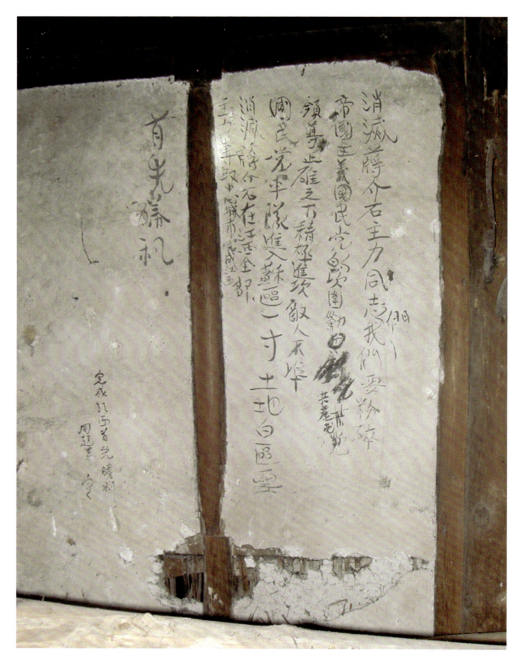

消灭蒋介石主力！同志们，我们要粉碎帝国主义国民党的四次围剿！在共产党的正确领导下，积极进攻敌人，不准国民党军队进入苏区一寸土地！白区要消灭蒋介石在江西全部主力，夺取中心城市，完成江西首先胜利！

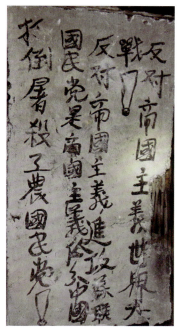

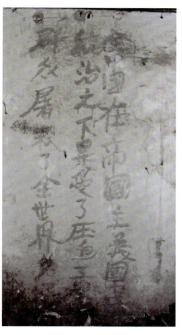

反对帝国主义世界大战！反对帝国主义进攻苏联！国民党是帝国主义瓜分中国！打倒屠杀工农的国民党！

全中国在帝国主义国民党统治下是受了压迫，工农群众屠杀了。全世界的工农万岁！

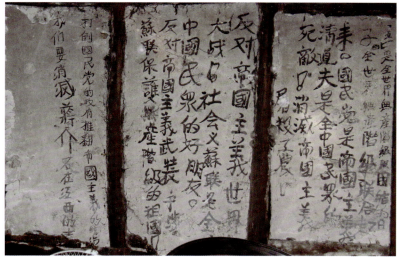

　　"五一"是全世界无产阶级团结的日子。全世界无产阶级联合起来，五一劳动节万岁！国民党是帝国主义的瓜分中国清道夫，是全中国民众的死敌人！消灭帝国主义屠杀工农！

　　反对帝国主义世界大战！社会主义苏联是全中国民众的好朋友。反对帝国主义武装干涉苏联！保护无产阶级的祖国。

　　我们要打倒国民党的政府！我们要推翻帝国主义的统治！我们要消灭蒋介石在江西的士兵！

打倒压迫士兵的白军！

白军士兵是工农出身，为什么替军阀摧残工农？

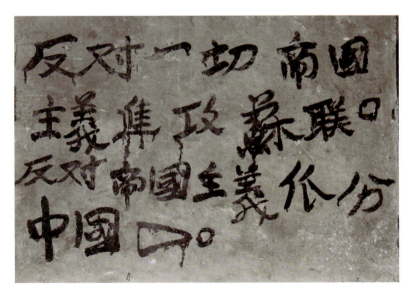

反对一切帝国主义进攻苏联！反对帝国主义瓜分中国！

西坑村红军标语

标语简介：

西坑村红军标语位于崇仁县相山镇双坑村委会西坑村小组，西坑村共 90 余户，400 余人，村民以徐姓为主，占 50%，辅之张、龚、周、邹等 10 余姓氏。标语书写于一幢民房屋的南面外墙上，该房屋建于 20 世纪初期，房屋土木结构，占地面积约为 150 平方米。据村民讲述，该标语书写于 1932 年 8 月中旬，红一方面军某部由永丰、乐安方向向宜黄挺进，攻打宜黄县城北门，途径相山镇西坑村，并在村边河滩上过夜，期间留下 5 条红军标语。

背景资料：

彭雪枫崇仁追叛徒 1932 年 8 月底，乐宜战役结束后，红三军团分散在宜黄各地做群众工作。陈诚、罗卓英率领国民党军六个师突然向宜黄一带的红军发动袭击，由于事发仓促，红三军团尚未来得及集中，就被敌军打散。危急关头，早有异心的二师师长郭炳生率领该师五团北上崇仁，企图叛变投敌。获此消息后，时任红二师政委的彭雪枫领导带上 15 名战士，北上追赶，在崇仁境内找到五团，揭露郭炳生的阴谋，率五团南返，顺利地带领部队转移至崇仁凤岗圩（今相山镇），保全了主力。彭雪枫因此被中央军委授予"红星奖章"。郭炳生趁当时风雨交加之际逃跑至崇仁县城投敌，被蒋介石委任为新编 37 师师长，1933 年 3 月，在第四次反"围剿"作战中，被红军击毙于南丰白舍。

只有实行土地革命，才能消灭封建剥削

西坑村红军标语

消灭地主阶级，反对富农剥削。

农民起来，实行土地革命！

打倒屠杀工农的国民党！

白军士兵是工农出身，不要屠杀工农！

反对帝国主义进攻苏联。

欢迎白军士兵来当红军。

坪头上红军标语

标语简介：

坪头上红军标语位于崇仁县巴山镇新街社区坪头路 35 号民居。标语建筑年代为清末，房屋砖木结构，占地面积约为 319 平方米，标语是用毛笔书写于建筑门框石墙上，现存标语 4 条，标语内容为：

标语为红一军团战士在第一次反围剿期间途经崇仁所留。

穷人不打穷人，白军弟兄你战得了什么。

起来打土豪分田地

士兵不打士兵,医治白军伤兵!

背景资料:

　　林彪"诱敌深入"经过崇仁　　为粉碎国民党第一次对中央苏区的"围剿",1930 年 10 月底,毛泽东在新余陈家闹主持召开红一方面军总前委和江西行委联席会议,史称"罗坊会议",会议确定了"诱敌深入"粉碎敌人"围剿"的战略方针,命令"第四军、第十二军为右路军……六号渡江(归林彪,杨岳彬指挥),经崇仁向抚州前进,趁机夺取抚州(临川),在南丰、南城、崇仁、宜黄各处工作,筹款四十万,发动群众。"11 月 8 日,中国工农红军第一军团林彪、杨岳彬率领所部进驻崇仁县城,开展土地革命,没收协和典等大地主的财物,于锅炉街显应庙戏台上散发给贫苦群众,并宣传革命道理,原中共中央委员,山东省委第一书记舒同就是在此期间,由东乡县赶到崇仁参加革命的。

路边村红军标语

标语简介：

路边村红军标语位于崇仁县许坊乡石背村委会路边村小组 32 号民居，标语分布于 2 栋建筑中，1 栋为主屋，1 栋为谷仓，均为民国初年黄姓村民所建。主屋坐西向东，悬山顶，木板壁，外墙为干打垒，一向五间，面阔 15 米，进深 9 米，面积约 160 平方米。标语书写于右次间内的竹夹泥墙壁上，白底黑字，现存标语 15 条。谷仓坐北向南，建筑形式与主屋相似，面积约 260 平方米，标语书写于谷仓内竹夹泥墙壁上，白底黑字为主，也有红墨字迹，现存标语 33 条。标语落款多是"红军/工特/宣""红军/工政/宣"和"红/团部青年(宣)"，均为 1932 年 8 月中下旬红一方面军展开乐宜战役时期，红军主力部队途经路边村时留下的。据村民讲述，当时红军部队来到港边、石背、路边等地驻扎约半个多月，各地设有哨卡，在路边村庙下山挖战壕沟、防空洞，宣传革命道理，并征借村民楼梯门板，攻打宜黄县城。

路边村 32 号民居主建筑

青年工人组织起来，反对……打骂青工。反对国民党压迫青年组织……红军青政宣

打倒出卖东三省热河华北北平的国民党！打倒国民党蒋介石！反对帝国主义瓜分中国！打倒国民匪党！红军工政宣

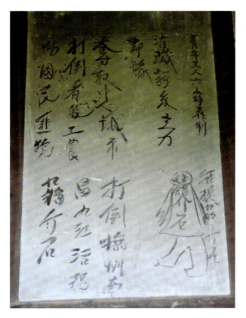

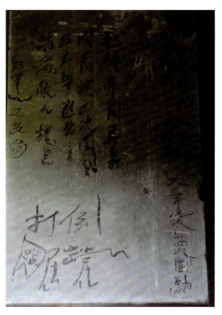

青年工人八小时工作制！消灭蒋系主力部队！夺取中心城市！打倒屠杀工农的国民匪党！活捉蒋介石！打到抚州南昌九江，活捉蒋介石！

消灭帝国主义国民党四次围剿与大举进攻！消灭敌人据点！打倒国民党！红军工政宣

路边村红军标语

路边村红军标语

谷仓内标语内容：

打到南昌去,活捉蒋介石!

反对帝国主义瓜分中国! 粉碎敌人大举进攻!

青年工人实行八小时工作! 青年工农起来,实行土地革命!

打倒蒋介石! 打倒帝国主义!

农民打倒土豪分田地! (工)农起来打土豪分田地!

农民起来土地革命! 农民起来打土豪分田地!

发对白军拉夫! 反对国民党抽丁拉夫! 共产党是阶级的政党!

打倒国民党! 反帝国主义! 红军是工农!

消灭阻碍红军去打帝国主义的国民党!

土豪的谷子不要钱,发给贫民!

要想救国,必须打倒卖国的国民党!

反对国民党把士兵调来打苏维埃!

青年工农兵团结起来,打倒卖国的国民党!

路边村 32 号民居谷仓

许坊上街红军标语

标语简介：

许坊上街红军标语位于崇仁县许坊乡许坊村委会上街村小组，上街村共 70 户，277 人，村民多姓邱、李、曹、徐、黄等。据村民讲述及标语分析，这些标语也是 1932 年 8 月乐宜战役时期，红一方面军一部从乐安、永丰出发途径许坊村驻扎休整时所留。标语位于许坊老街中段两侧的两幢旧民房中，民房建于清末，悬山顶，穿斗式结构，砖木材料建造，建筑面积分别为 100 平方米和 160 平方米，一处标语书写建筑的西外墙上，白底黑字，现存标语 6 条较清楚。

背景资料：

"九四"示威　1932 年 9 月 4 日，香港、北平、上海、广州、昆明、成都、南京、武汉、重庆、西安、杭州等地的学生、工人、商人及工商业者纷纷走上街头，游行示威，呼吁国民党停止内战。

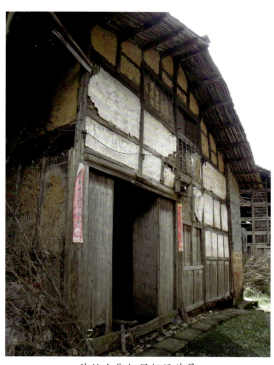

许坊上街红军标语外景

许坊上街红军标语建筑

九四示威扩大民族革命战争！九四示威反对日本及一切帝国主义瓜分中国！"九四"示威推翻帝国主义走狗国民党政府！

工人组织阶级工会，实行八小时工作制。

工农劳动青年举行九四示威！九四示威拥护中国共产党青年团！

另一处建筑位于老街上,标语书写于该建筑厅堂内木壁上,墨渍字迹,书写了较清晰的3条宣传标语。

打倒阻碍红军同(帝国主义)作战的(国民党)

白军士兵是工农出身,为什么替军阀来摧毁工农!

白军士兵都是工农出身,不要替军阀来打工农红军!

东山村红军标语

标语简介：

东山村红军标语位于崇仁县相山镇陈坊村委会东山村小组的东山红军作战指挥部旧址——"山水清晖"民居，该民居背靠青山，穿斗式砖木结构，屋后山中有两处作战掩体，占地面积 860 平方米，建于清末，门匾上写有"山水清晖"四字，门的两边写着"苏维埃注意水利农"等红军标语。据资料记载，1933 年春，为了粉碎蒋介石发动的第四次"围剿"，朱德率红军一方面军总部在这幢"山水清晖"的民居内设立了指挥所，指挥了著名的"登仙桥"和"黄陂"战役。1933 年 6 月在东山村成立"崇仁县苏维埃政府"。从此，东山成了崇仁革命的摇篮和领导全县革命斗争的中心。1933 年 7 月，国民党以第二十七、三十一、四十四等 3 个师的兵力陆续向凤岗也就是现在的相山进犯，并在逃亡的地主、恶霸、土豪劣绅和乡长、保长、流氓地痞纠集起来的反动地方武装"难民团"的带领下，采取"分兵合击"的战术，从三路围剿向东山进攻。而当时主力红军已转入中央根据地，东山只有县独立营、游击队等 200 余人抗击敌人，虽击败了敌人数次进攻，后终因叛徒引路，敌人偷袭，攻占了东山。为了保存实力，苏区干部和群众在独立营和警卫连的掩护下，冲出了重围，退出了东山。在突围的激烈战斗中，县独立营政委蔡仲贤身负重伤，营长胡家涛英勇牺牲。

背景资料：

崇仁县革命委员会、县苏维埃政府　1933 年 2 月(注，黄陂战斗前期)，中共乐安中心县委为开辟崇仁县苏区，派高武根、曾尚奎等 6 人组成白区工作团，随同江西红军独立第五师和乐安独立团，从乐安招携进入崇仁谷岗(1950 年划属乐安县)活动。同年 5 月，召开全县第一次工农兵代表大会，成立崇仁县革命委员会，机关驻谷岗登仙桥(今属乐安县东境)，下辖谷岗、东山、凤岗(注，现相山)、港下、太平(1950 年划属乐安县)等 5 个区苏维埃政府。同年 6 月，以县革命委员会为基础，成立县苏维埃政府，机关驻县境南部边境东山村，后迁朱坑、拗下等地。隶属江西省苏维埃政府。下辖谷岗、港下、太平、东风(由东山和凤岗两区合并而成)等 4 个区苏维埃政府。1934 年 6 月，国民党军队在第五次"围剿"中占领崇仁县大部分苏区，与乐安、宜黄两县苏维埃政府合并为乐宜崇苏维埃政府联合政府。崇仁县革命委员会(1933.5~6)，主席刘川金，崇仁县苏维埃政府(1933.6~1934.6)主席刘川金。

东山村红军标语

东山村红军标语

抚州红军标语参考书目：

[1]星火燎原编辑部编.中国人民解放军发展序列.北京：解放军出版社，1985年出版.

[2]郭德宏,张湛彬,张树军主编.党和国家重大决策的历程·红旗出版社.1997年出版.

[3]中共江西省委组织部,中共江西省委党史资料征集委员会,江西档案局主编,中国共产党江西省组织史资料(第一卷)(1922–1987).中共党史出版社，1999.12年出版.

后　记

　　编辑出版《红旗漫卷烽火路》一书，是展示抚州红色文化，做好革命精神传承的一项重大举措。从 2012 年开始，本书编委会展开抚州市境内现存原中央苏区时期红军标语的调查以及资料拍摄搜集工作，并将这些资料归纳整理，历时 5 年。为力求书中历史信息的准确性和权威性，编撰过程中，编辑组多次对文稿内容进行审定，对图片进行遴选。

　　市委、市政府对《抚州古建筑》出版发行非常重视，在市委、市政府的关心下，市财政局拨出了专款，各县区政府也在资金上给予了支持，为《红旗漫卷烽火路》出版发行提供了强有力的保障。

　　本书在文稿编撰和图片摄制过程中，得到各县区党史、档案和文化（文物）部门以及摄影协会的大力支持，提供了许多翔实的资料和珍贵的照片。在编辑和出版过程中，江西教育出版社为本书的编辑、出版、印刷、装帧、发行提供了巨大帮助。

　　在此，我们向有关单位和同志一并表示衷心的感谢！

　　囿于人力和水平能力，《红旗漫卷烽火路》一书编辑出版印刷装帧等方面，还存在不少缺憾，不足之处，敬候指正。